김형석

2019.2.

교회 밖
하나님 나라

· **일러두기**
저자의 요청에 따라 본문에 실린 성구는 공동번역본을 사용했음을 밝힙니다.
단, 이름 등 고유명사와 성구 약어는 개역개정을 따랐습니다.

교회 밖 하나님 나라

지은이 | 김형석
초판 발행 | 2019. 2. 21.
16쇄 | 2022. 12. 27.
등록번호 | 제1988-000080호
등록된 곳 | 서울특별시 용산구 서빙고로65길 38
발행처 | 사단법인 두란노서원
영업부 | 2078-3352 FAX | 080-749-3705
출판부 | 2078-3331

책값은 뒤표지에 있습니다.
ISBN 978-89-531-3419-5 03230

독자의 의견을 기다립니다.
tpress@duranno.com www.duranno.com

두란노서원은 바울 사도가 3차 전도여행 때 에베소에서 성령 받은 제자들을 따로 세워 하나님의 말씀으로 양육하던 장소입니다. 사도행전 19장 8~20절의 정신에 따라 첫째 목회자를 돕는 사역과 평신도를 훈련시키는 사역, 둘째 세계선교(TIM)와 문서선교(단행본·잡지) 사역, 셋째 예수문화 및 경배와 찬양 사역, 그리고 가정·상담 사역 등을 감당하고 있습니다. 1980년 12월 22일에 창립된 두란노서원은 주님 오실 때까지 이 사역들을 계속할 것입니다.

교회 밖 하나님 나라

백년 인생이 말하는 예수의 뜻

김형석

두란노

목차

2부

우리는 예수의 가르침대로 살고 있는가

머리글을 대신해서

추운 겨울 날, 어린아이들이 운동장에서 뛰어놀다가 저녁때가 되었습니다. 아이들은 햇볕이 쪼이는 큰집 처마 밑으로 뛰어갔습니다. 저마다 좋은 자리를 차지하기 위해서였습니다. 먼저 간 애들이 “여기는 내 자리” 하면서 앉았습니다. 좋은 자리를 빼앗긴 애들은 그 다음 자리를 차지했습니다. 나와 같이 생존경쟁에서 처진 애들은 앉을 자리가 없기 때문에 저는 여기에라도 서 있겠다며 뒷자리로 밀려났습니다.

몇 분 동안 얘기를 나누고 속삭이는 사이에 해가 졌습니다. 아이들은 더 머물 수가 없으니 집으로 가자면서 제각기 흩어져 떠났습니다. 어두워지고 찬바람이 불기 시작했습니다. 그런데 몇몇 아이들은 갈 곳이 없어 그 자리에 남았습니다. 그 애들은 인생의 고아가 된 것입니다.

저는 인생의 고아로 남을 수가 없어 예수님을 택했습니다.

저는 수십 년 동안 뜻을 같이하는 몇 사람들과 성경공부를 했습니다. 강의하는 동안에 몇 권의 저서가 태어났습니다.《예수》도 그중 하나였습니다.

최근에 강의한 내용들을 두란노서원이 추려서 글로 옮겼습니다. 그 작업이 대단히 힘들었고 과거의 책들과 겹치는 내용도 있을지 모르겠습니다. 그래서 망설였습니다. 그런데 원고를 읽어본 사람들이 전체적인 내용과 문제제기가 우리 시대에 꼭 필요하니 출판하는 것이 좋겠다고 합의를 보았습니다.

저는 기독교는 하나님의 나라를 위해 새로이 태어나야 한다고 생각합니다. 그러기 위해서는 교회가 예수님의 가르침을 믿고 따르는 일꾼들을 키워 사회로 보내야 한다고 확신합니다. 그리고 우리 크리스천들은 하나님의 나라 건설을 위해 희생적인 사랑의 사명을 감당해야 합니다. 그때 주님께서 우리와 함께하실 것입니다. 우리의 시간 속에 주님이 머무실 때 우리는 영원에 동참하게 되는 것입니다. 진리의 말씀과 사랑의 왕국은 기독교의 근본정신이기 때문입니다.

2019년 연초에

김형석

1부

우리는 예수의 가르침을 제대로 알고 있는가

1

가이사의 것과 하나님의 것

예수님을 함정에 빠뜨리려는 질문

마가복음 12:13-17은 십자가 고난을 앞둔 화요일에 일어난 일을 기록하고 있습니다. 성경을 읽어보면 예수님이 이 땅에서 가장 많은 교훈을 가르치신 날이 화요일입니다. 그날은 아침부터 저녁까지 말씀을 전하셨는데 아마 예수님이 우리에게 주신 교훈 가운데 그날 하루의 분량이 성경 기록에서 가장 많은 부분을 차지할 것입니다.

말씀을 들으러 온 무리 중에는 뭔가 시비를 걸 만한 꼬투리를 잡아 예수님을 곤경에 빠뜨리려는 바리새파와 헤롯당 사람들도 있었습니다. 당시 바리새파와 헤롯당은 우리나라 일제강점기 때 민족주의자와 친일파처럼 원수지간이나 다름없었습니다. 바리새파가 민족주의자라면 헤롯당은 로마제국에 빌붙어 부와 권력을 누리던 사람들이었습니다.

그들은 서로 대화도 하지 않았고 만나지도 않았습니다. 그들을 뒤에서 조종한 것은 당시 종교지도자들이었습니다. 그런데 그날, 그 둘이 손잡고 간첩같이 나타났습니다. 예수님을 함정에 빠뜨려 잡아 가두는 일에 한마음이 된 것입니다.

> 그들은 예수의 말씀을 트집잡아 올가미를 씌우려고 바리새파와 헤롯 당원 몇 사람을 예수께 보냈다. 그 사람들은 예수께 와서 이렇게 물었다. "…가이사에게 세금을 바치는 것이 옳습니까? 옳지 않습니까? 바쳐야 합니까? 바치지 말아야 합니까?" 막 12:13-14

이스라엘은 당시 로마의 식민지로서 로마에 세금을 내야 했습니다. 그러나 백성은 로마에 내는 세금은 로마 돈으로 내고, 성전에 제사 지내러 와서 바치는 돈은 이스라엘 돈으로 냈습니다. 성전 밖에서는 로마 돈을 사용했지만 성전에서는 로마 황제 형상이 새겨진 돈을 사용할 수 없어서 이스라엘 돈을 사용한 것입니다.

예수님이 만일 로마의 황제 가이사에게 세금을 내라 하면 종교적인 민족주의자 바리새파가 발끈해서 예수님을 종교재판에 넘길 것이고, 바칠 필요가 없다고 하면 헤롯당이 왕권에 도전한다고 몰아세워 예수님을 재판에 회부할 것입니다. 어떤 대답을 하든 예수님을 궁지에 몰아세울 수 있는 질문이었던 것입니다.

이때 예수님은 그들의 허를 찌르는 대답을 하셨습니다. 예수님이 세금 낼 돈을 보여달라 하시자 그들은 데나리온을 내밀었습니다. 예수님은 "이 초상과 글자가 누구의 것이냐?" 물으셨습니다. 그들은 로마 돈이고 가이사 황제의 초상이라고 대답합니다. 그러자 예수님은 "가이사의 것은 가이사에게 돌리고 하나님의 것은 하나님께 돌려라"(막 12:17)고 하셨습니다. 참으로 지혜로운 대답이셨습니다. 이들은 놀라워하며 아무 말도 못하고 돌아갔습니다.

가이사냐
하나님이냐

이 교훈은 그때부터 시작해서 지금까지도 중요한 이슈입니다. 우리도 가이사의 것과 하나님의 것을 어떻게 구별하며 살면 좋을지 고민하지 않습니까? 당시에는 확실했습니다. 로마가 이스라엘을 식민지로 삼았기 때문에 그 당시 세상의 권세는 로마에게 있었습니다.

가이사의 것이란 지배하고 있는 로마의 권력을 의미하고, 하나님의 것은 종교적인 신앙을 의미합니다. 예수님이 승천하신 후 로마제국은 믿는 사람들을 탄압했고 교회는 로마에 대항해 싸웠습니다. 사람들은 가이사냐 하나님이냐 양자택일해야 했습니다. 이것이 가이사가 지배하는 세상(로마)과 유대교와 초대교회를 지지하는 하나님 나라 사이의 투쟁입니다. 순교를 불사했던 투쟁입니다. 이때는 어느 하나를 선택했어야 합니다. 이 전쟁 아닌 전쟁이 약 400년 동안 계속됩니다. 그러다 로마를 계승하는 헬라 문화가 자취를 감추게 되고 종교국가로서의 기독교가 중세기를 지배하게 됩니다.

중세시대에는 가이사가 아니라 하나님(교회)의 뜻을 따르는 종교국가 시대입니다. 교황이 맨 위에 있고 세상 임금들은 그 아래 있게 되었습니다. 백성은 황제보다 교황의 뜻을 더 따랐습니다. 중세기에는 가이사의 것과 하나님의 것을 구별하는 것이 아니라 하나님의 나라가 가이사의 나라를 지배했습니다. 가이사의 세력이 교회의 세력 안에 놓이게 된 시대입니다.

우리는 편지를 쓸 때 'OOO 귀하'라고 하는데 중세기에는 '성하(聖下)'라는 말을 썼습니다. 교황을 부르거나 교황에게 편지를 보낼 때는 '교황 성하'라고 했습니다. 교황의 힘이 막강해서 임금을 쫓아내기도 했습니다. 그러다 영국의 헨리 8세가 결혼 문제로 파문당하게 되자 영국 천주교가 무시해 버립니다. 헨리 8세는 성공회를 만들어 천주교와 대립했습니다.

4~5세기까지는 세상 나라가 위에 있었고, 중세기에는 교회가 위에 있었습니다. 그러다 1517년에 종교개혁이 일어났습니다. 그러자 세상 나라와 교회가 다 같이 무너져서 같은 위상을 갖게 되

었습니다. 하나님의 것과 가이사의 것이 위아래 없이 동등한 관계로 공존하게 된 것입니다. 다시 말해 가톨릭과 개신교가 합쳐진 기독교와 제3사회, 즉 속세가 역사와 사회 속에서 함께 살게 됩니다. 이제는 교회가 아닌 기독교 사회도 생기고, 교회를 반대하거나 교회가 아닌 사회도 생겨서 다 함께 살게 되었습니다.

시대가 바뀌고 사회 시스템이 바뀌고 우리 삶의 방식도 바뀌었습니다. 그런데 교회는 여전히 가이사의 것을 적대적으로 취급합니다. 가이사는 원수고 우리 것은 따로 있다고 생각하는 것입니다. 우리는 자주 '저 사람은 구원을 받을 것이다, 이 사람은 지옥에 갈 것이다' 하며 인간의 잣대로 누군가를 판단합니다. 그러나 예수님의 뜻을 아는 사람은 우리에게 그렇게 판단할 권리가 없음을 압니다. 그것은 우리의 월권행위이며 구원은 오직 하나님께 속한 일입니다. 그러나 예수님의 말씀을 배제하고 떠난 후에는 인류가 행복하게 살지 못합니다. 평화롭게 살 길도 없습니다.

누구의 것을
선택하며 사는가

우리 안에는 가이사의 것과 하나님의 것이 공존합니다. 내 마음속에도, 교회 안에도 가이사의 것이 있습니다. 다만 우리는 가이사의 것이 아니라 하나님의 것을 선택하기 위해 노력할 따름입니다. 우리는 가이사의 것은 가이사에게, 하나님의 것은 하나님에게 바치라 하신 예수님의 말씀을 바른 선택을 하라는 가르침으로 이해하면 됩니다.

그 선택의 기준은 바로 누가 더 예수님의 말씀과 뜻을 가까이 하며 사느냐, 누가 세상을 이끌어 갈 만한 교훈을 가지느냐입니다.

저를 신앙인으로 이끈 고마운 두 분의 목사님이 있습니다. 감리교의 김창준 목사님과 장로교의 윤인구 목사님입니다. 중학교 1학년 크리스마스 때 두 분의 설교를 듣고 하나님을 믿는 것이 무엇인지를 깨달았습니다. 두 분 설교를 계기로 예수님이 저를 불러주신 것입니다. 그 목사님들 덕분에 제가 신앙을 가졌습니다.

그러나 오랜 세월이 흐른 뒤 그분들이 선택한 삶의 모습은 실망스러웠습니다. 북한에 남게 된 김창준 목사님은 훗날 김일성 정권 아래서 기독교연맹 총재가 되셨습니다. 저라면 신앙 양심상 그 자리는 수락하지 않았을 것 같습니다. 윤인구 목사님은 훗날 연세대학 총장까지 지내셨습니다. 그런데 연세대학 총장 중에서 임기를 다 채우지 못하고 물러난 유일한 분으로 남아 있습니다. 총장 퇴진 운동이 벌어질 만큼 인격적인 결함이 드러났기 때문입니다. 그 문제 때문에 재판도 열렸는데 장로교 원로 목사님 한 분이 그 목사님을 위해 재판에서 위증을 해서 문제가 더 커지기도 했습니다.

저를 신앙인으로 이끈 분들이 왜 인간적으로 실수하셨는가 생각해 보았습니다. 그분들 마음과 신앙 속에 가이사의 것이 있었기 때문이 아닌가 생각됩니다. 물론 가이사의 것은 저한테도, 여러분에게도 있습니다. 그런데 그분들 마음에서 가이사의 것이 하나님의 것을 이겼습니다.

드러내고 크리스천으로서 신앙활동을 한 건 아니지만 그 삶에서 가이사의 것이 아닌 하나님의 것을 선택하며 살았음을 알 수 있는 사람이 있습니다. 도산 안창호 선생님과 고당 조만식 선생님입니다. 도산 안창호 선생님은 담배를 즐겨 피운 것으로 전해지는데, 오늘날 그분이 인격적으로 훌륭한 분임을 부인하는 사람은 아무도 없습니다. 그분은 제가 열일곱 살 때 마지막 설교를 하시고 얼마 후에 감옥에 있다가 병으로 세상을 떠나셨습니다. 그 말씀을 떠올리면 도산 안창호 선생님에게는 예수님의 마음이 있었음을 알 수 있습니다. 그분은 지금까지도 많은 사람들의 존경을 받습니다. 그분은 가이사의 것으로 가득한 세상에 살면서도 민족과 국가를 위해서는 항상 하나님의 것이 남아 있었습니다.

고당 조만식 선생님은 스무 살이 될 때까지 예수님이 누군지도 모르고 살았습니다. 그러다 민족이 나라를 잃어 비참해지니 이렇게 살아선 안 되겠다 싶어 예수를 믿기로 마음먹고 스무 살이 넘은 나이에 숭실학교에 찾아갔습니다. 고당 선생님은 거기서 신앙을 깨달았습니다. 그분 역시 가이사의 것이 가득 찬 세상에 살면서도 마음속에 언제나 하나님의 것이 남아 있었습니다.

제가 고당 선생님의 사모님에게 들은 이야기가 있습니다. 북한 사람들이 정권을 잡은 김일성의 이야기는 받아들이지 않아도 조만식 선생님이 이야기하면 모두 따랐습니다. 그런데 김일성이 동료들은 숙청했으나 이분은 죽일 수가 없었습니다. 그래서 평양 시내에 있는 고려호텔에 감금시켰습니다. 그러니까 감옥에 가둔 것이나 마찬가지였습니다. 사모님이 마지막 면회를 하고 서울에 와서 저를 만나 이야기하신 게 있습니다.

한번은 면회를 갔더니 선생님이 사모님에게 하얀 봉투를 내밀며 집에 가서 읽어보라고 하시고는, 우리 아이들을 자유가 없는 이 땅에 둘 수 없으니 아이들을 데리고 빨리 38선을 넘어 서울로 가라고 하셨답니다. 가서 누구에게든 폐 끼치지 말고 자기 대신 고생해 달라 부탁하셨다고 했습니다. 사모님이 집에 돌아와 봉투를 열어 보니 거기엔 선생님의 머리카락이 있었습니다. 남한에 내려가 살다가 자신이 죽었다는 소식을 듣거든 이것으로 장사지내 달라는 마지막 부탁이었던 것입니다.

조만식 선생님은 가이사의 것이 가득한 세상에 살면서도 하나님의 것으로 충만해 있었습니다. 제가 김창준 목사님이나 윤인구 목사님이 실수했다고 그들을 비판하는 게 아닙니다. 저 자신도 가이사의 마음을 가지고 살 때가 있으니까요. 올바르게 사는 길은 도산 안창호 선생이나 고당 조만식 선생처럼 예수님의 말씀을 진리로 받아들여 그것을 자신의 가치관과 인생관이 되도록 하는 것입니다. 예수님의 말씀이 자신의 가치관이 되었다는 것은 언제든 무슨 일에서든 가이사의 것과 하나님의 것 중 하나를 선택해야 할 때 하나님의 것을 따르는 가치판단입니다.

말씀이 진리가 되어
삶에 드러나는 사람

예수님의 천국 비유 중에 "또 하늘나라는 바다에 그물을 쳐서 온갖 것을 끌어올리는 것에 비길 수 있다"(마 13:47)는 말씀이 있습니다. 그물에 가득한 물고기를 끌어내 좋은 것은 그릇에 담고 그렇지 못한 것은 내버립니다. 이것은 가치관의 선택을 이야기하는 것입니다. 마음속에 있는 가이사의 것을 모두 버리고 하나님의 것을 택하고 또 택하라는 말입니다. 예수님 당시 서기관들은 버릴 것과 택할 것을 가르쳐주는 사람이었습니다.

10여 년 전 연세대학의 교목실장이 제게 신입생 중 28퍼센트였던 크리스천 비율이 졸업할 즈음엔 32퍼센트로 늘어나는데, 이 늘어난 학생 수의 반 이상은 개신교가 아닌 가톨릭이라고 하면서 그 이유가 무엇인지 물었습니다. 그때 저는 학생들이 개신교와 가톨릭의 교리를 비교하여 더 좋은 것을 선택한 것은 아닐 것이다, 그보다 사람을 보고 그런 선택을 했을 것이라고 말해 주었습니다. 당시 가톨릭계에는 김수환 추기경처럼 모든 사람의 존경을 받는 분이 있었습니다. 나라를 위해서 노력하는 분, 예수님의 말씀이 가치관과 진리가 되는 분을 어찌 따르지 않겠습니까.

개신교에서도 신학자나 목사를 봐서는 교회 가고 싶지 않지만 가난한 이웃의 병을 고쳐 주는 선한 사마리아인 같은 의사를 보고는 교회 가겠다는 사람을 종종 봅니다. 문학작품이나 예술작품을 보고 하나님이 궁금해졌다는 사람도 있습니다. 교회 안에 있다고 신앙인이고 교회 밖에 있다고 신앙인이 아니라고 생각하는 것은 대단한 착각이고 교만입니다. 교회 안이든 밖이든 그 삶에서 예수님의 말씀이 진리로서 드러나는 사람이 신앙인입니다.

부모라면 아픈 자식, 못난 자식에게 더 마음이 쓰이는 법입니다. 하나라도 더 챙겨 주고 싶습니다. 제 지인 중에 한글학자가 있습니다. 한번은 이야기를 들으니 집을 내놓고 떠난다고 했습니다. 알고 봤더니 아들 중 하나가 사업을 한다고 해서 이 아버지가 집을 담보로 맡기고 대출을 했던 모양입니다. 그런데 사업에 실패해 집이 넘어가 떠나게 되었습니다. 그렇게 할 수밖에 없는 아버지의 마음이 얼마나 아팠겠습니까.

하나님의 마음이 그렇습니다. 교회에 나오는 사람보다 세상에서 버림받고 있는 사람들에게 더 마음이 쓰일 것 아닙니까. 하나님의 시선이 교회 안보다 교회 밖의 사람들에게 향해 있습니다. 그들에게 더 많은 관심을 쏟고 계십니다. 그러니 교회가 교회 밖 사람을 업신여기고 우습게 보면 되겠습니까? 교회 밖 사람들에게는 구원이 없다고 단정해서야 되겠습니까? 그런 교만이 어딨습니까? 헌금 좀 한다고, 교회 직분을 맡아 섬겼다고 자신은 하나님의 아들딸이고 그들은 하나님의 아들딸이 아니라고 말할 수 없습니다. 그런 교만은 버려야 합니다.

20년 전에 평창동으로 이사 가려고 부동산에 간 적이 있습니다. 부동산 아저씨가 싸게 나온 좋은 집이 있긴 한데 그 집을 사려면 변호사나 돼야 세입자를 감당할 수 있다고 말했습니다. 무슨 말인가 했더니, 그 집에 세 들어 사는 사람이 주인을 하도 못살게 굴어서 주인이 빨리 팔아 달라면서 싸게 내놓았다는 것입니다. 그런데 그 세입자가 알 만한 교회의 장로라 했습니다. 순간 너무 부끄럽고 민망했습니다. 이런 교인을 보고 교회에 오고 싶은 사람은 아무도 없습니다. 내 마음속에 있는 가이사의 것을 버리고 하나님의 것을 선택하며 살아야 합니다. 그러면 인생의 목적이 달라지고, 성실함과 겸손함, 섬김의 삶을 살게 됩니다.

요즘 기업가의 갑질 횡포가 하루가 멀다 하고 고발되고 있습니다. 미투 운동도 우리 사회의 어두운 면을 드러내고 있습니다.

대학 시절, 저는 학비를 벌기 위해 여러 아르바이트를 전전했는데, 인격이 높은 사람들은 제가 신문 배달한다고 얕잡아보지 않았습니다. 식당에서 일한다고 함부로 말하지 않았습니다. 제가 느낀 것은, 내가 어디에서든 존중받으려면 내 인격이 높아야겠다는 것이었습니다. 그리고 누구에게든 인격적으로 대해야겠다고 다짐했습니다. 그것이 평생 욕먹지 않고 사는 계기가 되었습니다.

진리를
반대하지 말라

저의 지인 중에 아버지에게 물려받은 양조장을 운영하는 형제가 있었습니다. 형은 교회에 가는데 동생은 교회에 가지 않았습니다. 동생이 교회에 가지 않은 이유는 술과 여자 때문이었습니다. 몇 십 년 전만 해도 술은 교회에서 절대 금기시되었습니다. 그렇다 보니 술을 만드는 사람으로서 교회에 갈 자신이 없었던 것입니다. 게다가 돈을 많이 벌어 재력가가 되더니 부인을 둘이나 두었습니다. 당시 교회는 이런 사람을 곱게 보지 않았습니다.

어느 날 형이 동생의 처지가 안타까워서 이렇게 말했습니다.

"교회 나가든 안 나가든 상관없지만 예수님은 믿는 게 좋다. 또 부인이 둘이라는 게 마음에 걸리는가 본데, 하나님은 야곱에게 부인을 넷이나 주셨다. 그러니 걱정하지 말고 예수님을 믿어라."

저는 동생을 안타깝게 여기는 형의 심정이 이해됩니다. 교회는 이런 마음으로 문을 열어 둬야 합니다. 정죄하고 잘못을 지적하는 마음 자세로는 그 문을 열 수 없습니다.

일요일을 부를 때 세상에서는 그냥 일요일이라 하고, 교회에서는 주일이라 합니다. 어느 쪽이 맞을까요? 저는 주님의 날이기 때문에 주일이 맞다고 생각합니다. 하지만 세상 사람들에게 일요일이라 부르지 말고 주일이라 부르라고 강요할 순 없습니다. 그로 인해 세상 사람들과 갈등한다면 차라리 주일이라 하지 않고 일요일이라 하는 것이 더 낫습니다.

저는 우리나라 교회 100곳이 한 일보다 세브란스병원이 한 일이 더 크다고 생각합니다. 연세대학 교수 중에 '과연 크리스천이구나' 할 만한 사람은 적지만, 세브란스병원 의사 중에는 그럴 만한 사람이 많습니다. 제가 아는 어느 의사는 병원에서 중책을 맡아 달라고 요청해도 절대 맡지 않았습니다. 그 이유는 주말마다 해왔던 의료봉사를 못하게 될까 봐서였습니다. 병원 행정일보다 의술로 봉사하는 것이 그에겐 더 중요했던 것입니다.

저는 최근 2년 여 동안 〈국민일보〉를 구독한 적이 있습니다. 많은 목사님들이 읽고 있었고 '미션난'에 교회소식이 실려 있었기 때문입니다.

지금은 구독 중인 기독교 관련 정기 간행물이 없습니다. 교파와 교단을 위한 것은 거의 읽고 싶은 내용이 없기 때문입니다.

〈국민일보〉에서 기독교 단체 간에 벌어지는 대립과 불미스러운 싸움을 다룬 기사를 읽게 되면 내 사랑하는 가족이나 친지들을 그런 편 가르기와 싸움터에 보내고 싶은 생각이 사라집니다. 사회공동체들에게서 배우고 깨달을 것이 더 많기 때문입니다. 그런 뒤떨어진 인간관계와 사회질서를 갖고 살면서 그리스도를 믿는다고 자부하거나 내가 그리스도인이기 때문에 사회인보다 앞서 있다고 생각한다면 누구도 그 안에 속하기를 원하지 않을 것입니다. 교회와 교단의 내부 모습을 보면 지성 사회보다 기독교 안에 가이사의 잔재가 더 많이 남아 있다는 생각을 하게 됩니다.

요사이 많은 교회가 겪고 있는 세습 문제도 그렇습니다. 세습을 원하는가 아닌가는 장본인들이 잘 알고 있습니다. 농촌이나 오지의 가난한 교회에는 세습 얘기가 없습니다. 캐나다에서는 도심지의 대교회 목회자는 보수가 적습니다. 부양가족이 없기 때문입니다. 그러나 교인이 적은 농어촌교회 목회자는 비교적 젊기 때문에 부양가족이 많은 만큼 높은 보수를 받습니다. 신앙적 양심에 따른다면 당연한 선택입니다.

저는 지금도 믿지 않는 학생들을 보면 교회는 가도 되고 안 가도 되지만 예수님의 말씀과 교훈을 거절하지는 말라고 말합니다. 예수님의 말씀과 교훈을 거절하고서는 우리 민족에게 희망도 장래도 없습니다. 그런 의미에서 교회 안 가도 괜찮으니 성경을 읽어보라고 권합니다. 예수님이 우리에게 무엇을 원하고 계신가는 알아야 하고 그 뜻을 받아들여야 합니다. 기독교는 반대할 수 있어도 진리를 반대하면 안 됩니다.

'하나님께 영광 돌린다', '예수님을 위해 산다'는 것보다 중요한 것은 하나님의 뜻과 예수님의 교훈을 따라서 이웃에게 봉사하는 것입니다. 교리를 따르는 것이 아니라 예수님이 자신에게 주신 많은 사랑 가운데 일부를 나누어 주는 것입니다. 이것은 인간에게 주어진 책임입니다. 그렇게 하도록 이끄시는 분이 바로 성령님입니다. 이것을 체험하면 우리는 신앙 안에서 살 수밖에 없습니다. 사명을 가지고 살게 되는 것입니다.

가이사의 것과 하나님의 것을 구별하면서 살 수 있는 크리스천, 직장과 사회생활에서 예수님이 기뻐하시는 일을 하는 사람들이 많아졌으면 좋겠습니다. 간절히 바라기는 교회 안에 이를 위한 신앙운동이 일어났으면 하는 것입니다.

2

소유는 인격만큼이 적당하다

우리에겐 얼마만큼의
소유가 필요할까

예수님은 우리에게 "무엇을 먹을까 무엇을 마실까 무엇을 입을까 걱정하지 말라"고 하시면서 이는 다 이방인들이 구하는 것이라고 하셨습니다. 하나님을 모르는 사람들은 무엇을 먹고 마시고 입을까, 또 어떤 집에 살며 어떤 차를 살까에 온통 관심을 기울입니다. 그러나 믿는 자들에게는 의식주가 인생의 전부도, 목적도 될 수 없습니다. 하나님의 뜻을 알기 때문입니다. 소유는 일상생활이나 사람을 위해 필요한 것일 뿐 그것을 위해 너무 많이 걱정하지 말아야 합니다. 무엇을 소유함으로써 만족하는 생활은 우리 인생의 목적 혹은 전부가 아니라는 말입니다. 소유는 우리 인격을 위해서, 인간다운 삶을 위해서 필요한 것입니다. 우리 인생의 목적과 의미는 그의 나라와 의를 구할 때 채워집니다.

예수님이 사역하실 당시에 예수님을 따라다니던 사람들은 대체로 수준이 낮았습니다. 스스로를 구별된 자라고 여겼던 바리새인이나 서기관들은 예수님을 배척했지요. 예수님은 소박하고 순수한 사람들이 알아듣기 쉽게 비유나 친절한 설명으로 말씀을 전하셨습니다.

예수님을 따르던 무리 중에 부잣집 형제가 있었던 모양입니다. 그들은 부모가 물려준 재산 때문에 다투게 되었습니다. 형제 중 한 사람이 예수님께 나아와 부모님이 물려준 유산을 형이 자기와 나눌 수 있도록 말해 달라고 부탁합니다.

> 군중 속에서 어떤 사람이 예수께 "선생님, 제 형더러 저에게 아버지의 유산을 나누어주라고 일러주십시오" 하고 부탁하자 눅 12:13

세상 사람들은 모두 그런 문제에 맞닥뜨리면 누구를 찾아가 부탁도 하고 법정에서 재판도 하지만 이는 하나님 나라를 증거하는 것과는 너무 거리가 멉니다.

예수님은 이렇게 대답하셨습니다.

> 누가 나를 너희의 재판관이나 재산 분배자로 세웠단 말이냐? 눅 12:14

예수님이 그에게 "내가 고작 형제간의 재산분쟁이나 해결하러 온 것이냐? 내가 하는 일이 그것밖에 안 되는 줄 아느냐?"고 책망하셨습니다. 사실 그런 사람에게는 뭐라고 이야기할 수가 없습니다. 그래서 사람들에게 "어떤 탐욕에도 빠져들지 않도록 조심하여라. 사람이 제아무리 부요하다 하더라도 그의 재산이 생명을 보장해 주지는 못한다"(눅 12:15) 하시고는 어느 부자의 이야기를 비유로 말씀하셨습니다.

어느 부자가 풍년으로 여러 해 먹고도 남을 만큼 곡식을 거뒀습니다. 부자는 창고를 하나 더 지어서 곡식을 쌓아 둔 뒤 자신의 영혼에게 "실컷 쉬고 먹고 마시며 즐겨라" 했습니다. 그러자 하나님이 "이 어리석은 자야, 바로 오늘밤 네 영혼이 너에게서 떠나가리라. 그러니 네가 쌓아 둔 것은 누구의 차지가 되겠느냐?" 하셨습니다. 평생 먹고살 만큼 많은 재물을 쌓아 두어도 생명을 잃으면 아무 소용이 없습니다.

동양 사람들은 '공수래공수거', 즉 인간은 빈손으로 왔다가 빈손으로 간다는 이야기를 많이 합니다. 이게 인생입니다. 예수님도 바로 우리에게 그 말씀을 하신 것입니다. 사람은 누구나 빈손으로 왔다가 빈손으로 가니 소유를 목적으로 두고 살지 말라는 말씀입니다.

제가 중학교에서 재직할 때 같이 근무하던 선생님 중에 이재에 밝은 분이 있었습니다. 개인적으로는 저를 많이 좋아해서 저와 이야기도 많이 나누곤 했습니다. 그 선생님이 교사로 있는 동안 돈을 많이 모아 노년엔 좀 편안히 살아야겠다고 마음을 먹었습니다. 그는 서울 어디에 아파트가 들어선다는 정보를 입수하고 가지고 있던 돈과 주변에서 빌린 돈으로 땅을 샀습니다. 그런데 안타깝게도 아파트 건설은 무산되었고 큰 손해를 보았습니다. 선생님은 그 충격 때문에 화병에 걸려서 40대 말쯤 세상을 떠나고 말았습니다. 교사로서 성실하게 일하고 소유에 만족하며 살았더라면 좋았을 텐데 재산 형성에 너무 많은 욕심을 부렸다가 불행하게 된 것이지요.

우리 주변에 그렇게 사는 사람들이 많이 있습니다. 오늘 하루 만족하며 살고 내일이 오면 또 즐겁게 살면 될 텐데 그걸 못하고 자꾸 욕심에 끌려 사니 그런 불행을 겪지 않나 싶습니다. 제 지인 중에는 집안에 돈이 많아서 평생 그 돈을 관리하며 산 사람이 있습니다. 서울대학 출신으로 머리도 좋고 똑똑했지만 한 번도 자기 뜻을 펴보지 못하고 재산 관리만 하면서 30년을 보냈습니다.

예순 살쯤 되었을 때 그와 만나 이야기를 하다가 제가 이렇게 말했습니다.

"민 선생하고 같이 대학 나온 사람들이 지금 다 사회적으로 보람 있게 살고 사회에 뜻을 남기는데 재산 관리 때문에 아무것도 못하셨네요."

그랬더니 그가 이렇게 대답했습니다.

"그러게 말입니다. 저도 가난하게 태어났으면 이렇게 안 되었을 텐데, 그 재산 때문에 그만 이렇게 되고 말았습니다."

오히려 평범한 가정에서 태어났으면 인생을 귀하게 살 수 있었을 텐데 재산 관리에 능하지 못한 그에게 그런 짐이 지워졌으니 안타까웠습니다.

재산은
내 인격의 수준만큼 필요하다

재산은 내 인격의 수준만큼 필요한 것이지 내 인격의 수준보다 많이 가지면 재산의 노예가 됩니다. 그렇습니다. 수입이 많을 때는 거기에 적당하게 살고, 수입이 적을 때는 감사한 마음을 가지고 살면 됩니다. "일용할 양식을 주옵소서"라는 기도는 "중요한 일을 할 수 있도록 필요한 양식은 주십시오. 저는 더 차원 높은 일, 더 소중한 일을 위해서 살겠습니다"라는 뜻입니다.

저는 슬하에 육남매를 두었습니다. 육남매 모두 월급쟁이 생활을 하며 비슷한 수준으로 삽니다. 그런데 요즘 제가 수입이 조금 많아졌습니다. 여러 권의 책을 썼더니 거기서 나오는 인세 덕분입니다. 저는 아이들에게 줄 생각을 안 합니다. 부모에게 물려받는다 해도 공짜 돈은 돈 구실을 못하기 때문입니다. 예를 들면 내가 번 돈으로 산 물건에는 애착이 가지만, 공짜로 받은 선물에는 그만큼 애착이 없습니다.

여행하고 친구와 교제할 수 있는 정도보다 더 많은 재산을 가지면 재산의 노예가 됩니다. 정신적으로도 피곤합니다. 그렇다고 해서 재산 없이 청렴하게 사는 걸 자랑거리로 삼는 것도 옳지 않습니다.

오래전에 출판사에서 인세 받으러 오라 해서 갔다가 이름만 대면 누구나 알 만한 어느 분이 생활이 어려운지 인세를 선지급해 달라 했다는 말을 들었습니다. 그런데 출판사의 사정으로 못 주었다는 이야기를 듣고 제가 대신 가불해 주었습니다. 그분은 평소에 젊은이들에게 "나는 돈 때문에 책 쓰는 사람이 아니다, 나는 청렴하다"며 큰소리치던 분이었습니다. 그런데 그런 분이 생활비가 떨어지자 출판사에 와서 돈 빌려달라고 했다니, 저는 '아, 큰소리치지 말자' 생각했습니다.

사람이 살다보면 예기치 못한 어려움을 많이 겪게 됩니다. 큰소리치며 장담할 인생은 하나도 없습니다.

나를 위해서는 적게,
사회를 위해서는 많이

쓴소리 하나 하자면, 저는 가끔 신부님과 스님, 목사님을 비교해 봅니다. 내가 만나 본 신부님은 소유욕이 없었습니다. 그래서 시골로 가라 하면 가고, 가난한 성당으로 가라 하면 갑니다. 왜냐하면 신부가 될 때 서약을 하기 때문입니다. 스님도 출가한 후에는 소유의 문제를 끊어버립니다. 불교와 가톨릭의 시스템 자체가 사사로이 재물을 소유할 수 없어서인지 대체로 물욕을 비웠습니다.

반면에 목사님들 중에는 드러내고 물질에 욕심을 내서 사회적으로 물의를 빚는 분들이 있습니다. 물론 그렇지 않은 목사님들도 많습니다. 돌아가신 한경직 목사님이나 김재준 목사님 같은 분이 대표적입니다. 그들은 진심으로 존경할 만한 분들이었습니다. 목사가 되려고 하면 물질적인 욕망을 넘어서야 합니다. 그래야 목사 자격이 있지 물욕을 가지고 목사가 되면 탈이 납니다.

십일조 문제도 짚고 넘어가야겠습니다. 구약시대에 12지파 중에 레위 지파는 땅을 소유하지도 않았고 경제활동도 하지 않았습니다. 그들의 임무는 성전과 제사를 책임지는 것이었습니다. 그래서 나머지 11지파가 세상에서 사업을 하고 세상 살림을 했습니다. 레위 지파는 종교의 책임을 맡은 사람들이라 따로 수입이 없으니 11지파가 내는 세금으로 살게 했습니다. 십일조는 구약시대의 세금이었습니다. 종교 국가니까 나라의 재정은 그 세금밖에 없었습니다. 그런데 사람들이 보니 국가가 세금을 올바로 쓰지 않는 것 같았습니다. 그래서 안 내는 사람들이 많아졌습니다. 그런 이유로 구약에는 "세금 내라, 십일조 내라"는 말이 자주 등장하는 것입니다.

현대도 독일 교회는 종교세를 거두어서 각 교회에 지급하고 있습니다. 교회 다니는 사람은 의무적으로 종교세금을 냅니다. 한국 교회는 교인들에게 십일조가 의무라고 가르치는데 저는 이것으로 인해 교회가 재물을 소유하려는 경향으로 흐를까봐 우려됩니다. 교회의 재물 소유는 예수님이 기뻐하시지 않는다고 생각합니다.

과거 부산 피난 시절에 목사님이 안 계신 교회에서 봉사한 적이 있습니다. 피난 시절이라 가난하고 끼니도 제대로 때우지 못하여 어린아이들이 영양 부족인데도 교인들은 십일조를 내야 하는 줄 알았습니다. 저는 그들에게 십일조 안 내도 괜찮다고 가르쳤습니다. 십일조 안 내는 대신 가족과 자녀가 잘 먹고 건강하게 살 수 있도록 잘 보살피라고 했습니다.

저는 이런 문제로 고민을 많이 했습니다. 예수님이 저에게 1억을 주시면서 "나 대신 네가 이걸 좀 써다오" 하면 저는 어디에 쓸까 생각해 보았습니다. 확실한 건 그 돈을 건축헌금에 사용하진 않을 것 같습니다.

1960년대에 영락교회가 교회 재건축을 준비했습니다. 교인은 많은데 예배당은 하나라 다 수용하지 못하니 예배당을 크게 짓기로 하고 강남에 부지를 준비했습니다. 그런데 세상 사람들이 왜 예배당을 자꾸 짓느냐고 반대하고, 교회 내에서도 젊은이들이 반대했습니다. 당시는 베트남전쟁 중이었고 그 전쟁에 참전했던 우리의 많은 젊은이들이 목숨을 잃는 아픔을 겪었던 시기였습니다. 미국도 천주교인들이 베트남전쟁 중에 성당을 지으려다가 반대에 부딪쳐 좌절한 적이 있습니다. 맨해튼 컬럼비아 대학 옆에 성공회에 속한 미완성 첨탑이 있습니다. 교인들이 이 첨탑을 완성시키려 했으나 이때도 베트남전쟁 중이라 포기해야 했습니다. 미국의 젊은이들이 전쟁터에서 피 흘려 싸우고 있는데 성당과 첨탑을 짓는 것이 가당키나 하냐는 주장에 부딪친 것입니다. 그것이 한 인간으로서의 책임입니다.

만일 저에게 1억 원이 생긴다면 저는 병원에 기부했을지도 모르겠습니다. 사회와 국가가 국민의 삶을 위해 기본적으로 해결해 줘야 할 세 가지가 있습니다. 첫째는 문맹이 없도록 교육하는 것입니다. 둘째는 절대 빈곤에서 구출해서 굶는 사람이 없도록 하는 것입니다. 셋째는 병든 사람을 고쳐 주는 것입니다. 병든 이가 버림받아서는 안 됩니다. 예수님도 공생애 동안 병든 사람을 고치시고 가난한 사람을 돌봐주셨습니다. 지금은 모든 국가가 그 기본적인 조건을 책임져야 합니다. 대한민국은 다른 건 못해도 돈 없어서 교육 못 받고 진료 못 받는 사람들이 없도록 해야 합니다.

중세시대에 교회가 사회적 책임을 다하지 못하고 교회주의에 빠지자 교회 개혁을 주장하며 진리를 외친 사람이 바로 마르틴 루터입니다. 그는 "복음은 하나님께서 인간을 당신과 올바른 관계에 놓아주시는 길을 보여주십니다. 인간은 오직 믿음을 통해서 하나님과 올바른 관계를 가지게 됩니다. 성서에도 '믿음을 통해서 하나님과 올바른 관계를 가지게 된 사람은 살 것이다' 하지 않았습니까?"(롬 1:17)라는 말씀을 통해 기독교의 권위는 교황에게서 나오는 것이 아니라 믿음에서 나온다는 것을 깨닫고 그때부터 교권에 맞서 싸웠습니다.

루터가 개혁을 결심한 결정적인 계기는 교황의 면죄부 판매였습니다. 당시 흔들리는 교황의 권위를 다시 세우기 위해 교회는 무리하게 성 베드로 성당을 짓기 시작했고, 그 기금을 충당하기 위해 성경에도 나오지 않은 면죄부를 판매했습니다. 면죄부란 교회에 금화를 헌금하면 연옥에 있는 부모님과 형제자매가 금화가 떨어질 때 내는 '딸랑' 소리를 듣고 천국에 간다는 희대의 사기극이었습니다. 사람들은 교황이나 신부의 말이라면 무조건 믿었습니다. 당시에는 성경을 읽을 수 있도록 허락된 사람은 성직자밖에 없었기 때문에 그들의 말이 곧 하나님의 말씀이라고 믿었습니다.

세상에 이런 종교가 있어서야 되겠습니까? 그런데 현대에도 사람들에게 두려움을 주어 돈을 착취하는 일들이 자주 일어나고 있습니다. 그건 옳지 않습니다. 저는 무소유가 옳다고는 생각하지 않습니다. 그렇다고 재벌로 사는 것을 인생의 목적으로 삼는 것도 옳지 않다고 봅니다. 개인은 열심히 일하고 많이 벌어서 부를 얻어야 하지만, 그렇게 번 돈을 나를 위해서는 적게 가지고 사회를 위해서는 많이 베푸는 삶을 살아야 합니다. 그게 기독교의 경제관입니다.

남의 도움을 받지 말고 열심히 일해야 합니다. 그렇게 해서 정당히 번 수입으로 좋은 일에 많이 쓰십시오. 저축만 하면 경제가 위축됩니다. 그래서 경제 기준을 내게 두지 말고 사회에 두는 것입니다. 예수님이 저에게 주신 인생관은 '정신적으로는 상류층에서 살아라. 그러나 경제적으로는 돈의 노예가 되지 말고 중산층에서 살아라'입니다. 부자도 되고 큰 기업도 경영하세요. 그래도 스스로를 위해서는 중산층으로 사는 것이 좋습니다. 수입이 많고 호화롭게 산다고 해서 행복한 것이 아닙니다. 돈을 많이 벌었다고 해도 중산층에 맞춰 사는 사람이 행복합니다.

저는 나라 경제는 미국의 경우가 바람직하다고 봅니다. 미국은 처음에 부자들의 소유체제로 시작했습니다. 그것이 여러 번 바뀌어서 기업가나 부자들은 기업을 통해 경제적으로 기여합니다. 오늘날 미국을 움직이는 힘은 부자는 기업활동을 통해 경제적으로 기여하고, 학자는 학문을 통해 사회에 기여하고, 정치가는 정치로 봉사하는 시스템입니다. 미국은 이 힘을 가지고 세계로 나가 부와 지식을 나누는 데 어느 정도 기여합니다. 이 시스템이 무너지지 않는 한 미국이 세계 경제를 이끌어 나갈 것입니다.

교회는 더 많은 사람이 인간답게 살 수 있도록 도와줄 책임이 있습니다. 우리가 작은 가게 하나를 운영해도 정직하고 성실하게 해야 그 지역 사회에서 인정을 받습니다. 내 가게에 찾아온 손님이 행복과 만족을 느끼도록 해야 복 받는 가게가 됩니다. 옆의 가게와 이전투구로 싸우고 경쟁하고 심지어 빼앗으려 하면 그 가게는 인정받을 수도 없고 성공할 수도 없습니다.

권력, 소유가 아니라
섬김이다

소유가 목적인 또 하나의 흐름이 있는데 바로 권력욕입니다. 권력을 소유하려는 욕망 때문에 세계적으로 많은 사람이 고통과 불행을 겪고 있습니다.

핵 문제도 그렇습니다. 인도주의 사상에서 볼 때 핵을 소유하는 것은 역사에서 용서받을 수 없는 죄악입니다. 전 세계적으로 핵을 없애려고 노력해야지 자꾸 만들고 소유하려 하면 안 됩니다. 무기를 만들고 전쟁을 준비하는 비용만 아껴도 가난한 사람들이 없어질 것입니다.

제가 연세대에 재직할 때 김동길 교수는 문과대학에 있었고, 김찬국 교수는 목사로서 신과대학에 있었습니다. 이 두 사람은 친한 친구인데 어쩌다 보니 김동길 교수는 보수의 대표주자가 되었고, 김찬국 교수는 진보의 대표주자가 되었습니다. 2009년 김찬국 교수가 지병으로 먼저 세상을 떠나자 김동길 교수는 친한 벗으로서 문상을 갔습니다. 그런데 장례식장에 있던 사람들이 '당신이 왜 여기 왔냐'면서 쫓아버렸습니다. 우리가 지금 이렇게 병들었습니다. 친구 사이에 좌와 우가 무슨 상관이 있습니까? 그런 이념이 친구 사이, 부자 사이, 가정도 갈라놓았습니다. 아주 잘못된 일입니다.

신학교도 교단끼리 싸움을 하느라 학교로서의 구실을 제대로 못하는 경우가 얼마나 많습니까? 제가 졸업한 학교도 전통이 오랜 기독교 학교인데 믿는 사람들이 인사 문제로 양쪽으로 갈라져서 갈등이 심했습니다. 양쪽의 목사님과 장로님들이 서로 싸우니 학교 교장도 선출하지 못하고 해결할 기미가 보이지 않았습니다.

그중 한쪽 편이 제게 와서 의견을 물었습니다. 저는 "솔로몬의 판결을 기억하시나요? 두 여인이 와서 서로 자기 아이라고 주장하자 솔로몬은 아이를 반으로 나누라고 하지요. 그때 한 여인이 아이를 생각하여 포기합니다. 솔로몬은 아이를 포기한 그녀가 친

어머니라 판결합니다. 학교를 사랑하면 떠나십시오"라고 했습니다. 그래서 그 한쪽이 학교를 떠났습니다. 남아 있는 다른 한쪽은 이긴 줄 알았습니다. 그런데 교육위원회가 그들도 자격이 없다고 했습니다.

많은 사람들이 예수님의 이름으로 싸웁니다. 기도하고 싸우는 것입니다. 기도 안 하고 싸웠다면 차라리 더 나을지도 모르겠습니다.

세상에서 제일 나쁜 것은 형제끼리 싸우는 것입니다. 형제 간의 다툼은 아버지의 마음을 가장 아프게 합니다. 개신교끼리 싸우고 개신교와 천주교가 싸우고 보수와 진보가 싸우는 모습을 보는 하나님 아버지의 마음은 어떠하시겠습니까? 세상 사람들도 싸우다가 둘 다 망하겠으니 하지 말자며 정리하는데 믿는 사람들이 그것도 못하고 있습니다. 우리 사회가 집단 이기주의에 빠져 있는 것을 보면 매우 걱정스럽습니다. 그래서 하나님께 우리 민족을 용서해 달라고 기도합니다.

예수님이 예루살렘에 가시기 전에 변화산에 올라갔다 내려오셨습니다. 2주일 후에 예수님이 십자가에 못 박히시지 않습니까? 그런데 제자들의 생각엔 이번에 예루살렘에 가게 되면 예수님이 왕이 되실 것 같았습니다. 철없는 생각들이지요. 그들은 예수님이 왕이 되면 자기들은 어떻게 될지 계산했던 것 같습니다. 요한과 야고보 형제의 어머니가 예수님이 왕이 되시면 우리 아들들을 우정승 좌정승으로 발탁해 달라고 청탁을 하러 왔습니다. 이로 인해 제자들 사이에서 '누가 크냐'는 논쟁이 벌어졌습니다. 그러자 예수님이 어린아이 하나를 데려다가 곁에 세우시고 이렇게 말씀하셨습니다.

> 누구든지 내 이름으로 이런 어린이를 받아들이면 곧 나를 받아들이는 것이며 또 나를 받아들이면 나를 보내신 분을 받아들이는 것이다. 너희 중에서 제일 낮은 사람이 제일 높은 사람이다 눅 9:48

예수님은 세상 사람들은 정권을 가져야 나라를 바꿀 수 있다고 하지만 실은 섬기는 사람이 세상을 바꾼다고 하셨습니다. 그건 우리 정치에도 해당되는 이야기입니다. 나라를 위해서 섬기는 사람이 나라를 살립니다. 정권을 소유하는 사람이 살리는 게 아닙니다.

미국의 초대 대통령 조지 워싱턴은 섬기는 지도자였습니다. 그는 더 큰 권력을 갖고 싶은 욕심이 없었습니다. 그래서 많은 사람들이 그를 좋아하나 봅니다. 그가 대통령직에서 물러나 시골로 내려갔을 때, 사람들이 "대통령님" 하고 부르니까 "나는 더 이상

대통령이 아닙니다. 대통령은 저기 백악관에 있습니다. 그러니 저를 그저 농민이라고 부르십시오"라고 말했다고 합니다.

공장에서 일하다 나라를 위해 군대 갔다 와서 또 공장에서 섬기는 사람들, 선생으로 일하다 나라 위해 봉사하고 다시 선생으로 섬기는 사람들이 나라를 살립니다. 민주주의는 섬기는 사람들이 만들어 갑니다. 다스리는 사람이 많은 사회는 민주주의를 실현할 수 없습니다.

정권이 바뀌었다는 이유로 유능하게 일하던 사람을 물갈이하고, 정치적으로 보복하는 행태는 이제 없어져야 합니다. 교회가 세상의 가치관을 바꿔 주는 책임을 다해야 하는데 오히려 세상보다 더한 것 같아서 안타깝습니다. 질서 사회를 만들려면 도덕과 윤리관이 있어야 합니다. 악을 악으로 갚으면 사회에 악만 커집니다. 나라를 위해 서로 양보하고 상대를 배려할 줄도 아는 질서 사회가 되어야 합니다. 기독교가 바라는 것은 바로 그런 사회입니다.

진짜 명예는
내 인생을 소중히 사는 것이다

마지막으로 소유가 목적인 또 하나의 흐름은 명예욕입니다. 교수님들이나 목사님들은 돈이나 정치권력에 대한 욕심은 없는 편인데 명예욕은 많은 것을 봅니다. 지성인들이 대체로 명예욕이 많습니다. 그러나 오래 살다보면 명예욕이 참으로 허황된 것임을 깨닫게 됩니다. 국가가 잘되면 그것으로 자신이 잘되는 것이지 다른 것을 통해서 잘되려고 하는 것은 잘못입니다.

예수님은 우리에게 인생관을 주셨는데 그것은 무엇을 먹을까, 무엇을 입을까 걱정하지 않는 것입니다. '소유를 인생의 목적으로 삼지 마라. 소유하지 말고 세상에 주어라. 그보다 중요한 건 너의 인격을 키우는 것이다. 네 삶을 보람 있게 하라. 네 인생을 정말 소중하게 살아라'입니다.

제 친구인 안병욱 선생, 김태길 선생 모두 자기 인생을 귀하게 여겼습니다. 인생을 사랑하며 인격을 귀하게 키우기 위해 노력했습니다. 인격을 키우기 위해서는 예수님 말씀을 우리의 인생관으로 받아들이고, 하늘나라를 위한 사명감으로 삼으면 됩니다. 그럴 때 우리 인격이 올라가고 하나님 나라도 이루어집니다. 소유의 문제는 그 다음에 다 해결될 것입니다.

예수님의 말씀을
우리의 인생관으로 받아들여야 한다

소유를 목적으로 삼는 사람은 빈손으로 왔다가 빈손으로 가지만, 귀한 것을 소유한 사람은 나를 위해선 적게 쓰고 사회를 위해선 다 줍니다. 그러면 너와 내가 모두 행복해집니다.

또한 자기 인격을 소중히 여기고 보람 있는 인생을 살아야 합니다. 삶의 의미를 어디에 둘 것인가를 끝까지 찾아내려 노력해야 합니다. 그렇게 하는 것이 힘들고 어렵다면 예수님께 물어야 합니다. 예수님이 우리에게 가르쳐준 말씀이 있고, 하나님이 예수님을 통해 우리에게 준 뜻이 있습니다. 그것을 거부해선 안 됩니다. 그것을 찾아야 합니다. 그 뜻이 예수님이 주신 인생관입니다.

우리가 크리스마스 때는 예수님이 오심을 기뻐하며 기념하지만, 사실 예수님은 항상 우리에게 오십니다. 크리스마스의 즐거움은 세상 사람들에게 주는 선물이고, 예수님은 언제나 우리와 함께 계십니다. 예수님의 말씀이 우리의 인생관과 가치관이 되고, 그렇게 사는 사람이 교회를 통해 많아지면 역사와 사회 속에 하나님 나라가 이루어집니다.

예수님 대신 짐을 지는 사람이 예수님께서 베푸시는 행복을 받는 것 같습니다. 저는 부르심을 받을 때까지 하나님의 일을 하려고 합니다. 육신으로는 좀 피곤하고 힘들어도 주님이 계시니 제가 행복합니다. 또 주님이 함께하시니 오늘도 감사하고 기쁩니다.

3

믿음은 삶의 변화를 뜻한다

공간신앙,
자연신앙을 버려라

요한복음 4장에 보면 예수님이 사마리아 여인과 대화하시는 장면이 나옵니다. 예수님과 종교문제를 놓고 대화를 하던 사마리아 여인은 예수님에 대해 "하나님이 보내주신 예언자나 선지자"라고 인정합니다. 그리고 "우리 조상은 저 산에서 하나님께 예배드렸는데 선생님네들은 예배 드릴 곳이 예루살렘에 있다고 합니다"(요 4:20)라면서 만일 그것이 옳으면 자기들의 예배가 아무 의미가 없지 않은가, 꼭 예루살렘에서 예배를 드려야 하느냐고 묻습니다.

예수님은 '이 산 또는 예루살렘' 어디에서 예배드리라는 말씀은 안 하시고 "예배하는 사람들은 영적으로 참되게 하나님께 예배 드려야 한다"(요 4:23)고 하셨습니다. 이 말은 "내가 너희에게 가르치는 종교는 구약이나 다른 종교가 가지고 있는 공간신앙이나 자연신앙이 아니다"라고 해석할 수 있을 것입니다.

공간신앙, 자연신앙은 성상, 성물, 성화를 우상시하는 것과 교회나 성당같이 예배드리는 장소를 우상시하는 것을 말합니다. 절에 가보면 부처님 형상을 비롯해서 불전 안에 형상이 가득 차 있습니다. 이것은 옛날부터 내려오는 공간신앙의 모습입니다. 어떤 그림, 어떤 형상이 있어야 예배를 드리는 것입니다. 그런데 불교에서 나온 원불교에는 불상과 불화 같은 형상이 없습니다. 이것은 불교가 공간신앙에서 벗어난 하나의 예입니다.

기독교의 경우 구약시대에 자연신앙이 많이 배제되긴 했지만, 공간신앙은 아직도 많이 남아 있습니다. 예수님은 이 산에서 예배드리느냐, 예루살렘에서 예배드리느냐 하는 공간신앙에 얽매이거나 그것 때문에 진정한 신앙을 잃어버려서는 안 된다고 말씀하십니다.

옛날에 제 막내딸이 학교에 갔다 오더니 저더러 "아버지, 오늘 날씨가 나쁘고 번개가 번쩍번쩍해서 무서웠어요. 예수님 사진이 있으면 그 앞에서 기도 드리고 싶었는데, 예수님의 사진이 없네요"라고 했습니다. 이와 같이 우리는 눈에 보이는 것, 우리 손으로 만든 어떤 것이 있어야 믿을 수 있다고 생각합니다. 그러나 그런 것이 신앙의 대상이 돼서는 안 됩니다. 구체적인 사례를 몇 가지 말씀드리겠습니다.

불교에서 많이 이야기하는 사리 문제도 자연신앙입니다. 효봉 스님은 일제강점기에 법관이었습니다. 법관 시절 자신이 재판을 잘못했음을 깨닫고 책임감을 느껴 법복을 벗고 승복을 입은 분입니다. 잘못 판결한 재판에 대해 속죄하기 위해 금강산으로 들어가 고민하다 불교를 찾게 된 것입니다. 그분이 돌아가신 뒤 사리가 나왔는데 당시 서울대 법과대학장으로 있던 황산덕 교수가 〈동아일보〉에 사리가 나온 것은 과학을 초월한 기적이고 은총의 사실이라는 기사를 실었습니다. 그러자 연세대 의과대학의 이삼열 교수가 사리는 수행의 결과가 아니라 특별한 골질을 가진 사람한테서 나오는 것으로 불교의 진리와는 아무 상관이 없다고 논박했습니다.

독실한 불교 신자와 의사 사이에 논쟁이 벌어지니 사회적으로 이슈가 되어서 학생들이 저에게 의견을 물었습니다. 저는 현대인들이 신앙을 가질 때 사리 같은 어떤 물건이나 물체를 신앙의 대상으로 삼아선 안 된다고 말해 주었습니다. 옛날 사람들은 올바른 신앙이 무엇인지 잘 몰라 무엇인가를 만들어서 섬겼지만 그건 기독교 신앙이 아니니 관심을 갖지 말라고 했습니다. 그 학생들이 제 이야기를 어떻게 받아들였을는지 모르겠지만 이것이 바로 예수님의 말씀입니다. 예수님이 가르쳐주신 신앙은 자연신앙, 공간신앙이 아닙니다.

그런데 불교 안에서도 변화가 일어났습니다. 얼마 전 불도들에게 존경받던 해인사의 주지스님이 세상을 떠나면서 죽은 뒤 화

장해서 사리가 나오든 나오지 않든 관심을 갖지 말라는 당부를 유언처럼 남겼습니다. 불교 신앙과 사리를 연관 짓지 말라는 뜻이었습니다. 이 스님은 불교를 올바로 받아들인 것입니다. 사리가 나오면 성자이고, 안 나오면 보통 사람이라는 생각을 가져서는 안 됩니다. 이것이 종교가 발전해 가는 한 과정입니다.

무슬림들은 하루에 다섯 번씩 메카를 향해 절을 하며 기도를 드립니다. 그들은 어디에서나, 심지어 전쟁터나 병원에서도 절을 하고 기도를 합니다. 그리고 평생에 한 번 이상은 메카를 순례합니다. 그래야 구원을 받을 수 있다고 믿기 때문입니다.

예전에 메카 순례자 수백 명이 집단으로 목숨을 잃은 사건이 있었습니다. 메카로 가는 길에 있는 지하도에서 냉방장치가 고장 나는 바람에 사람들이 거기에 갇혀 있다가 질식해서 죽은 것입니다. 그런 큰 사고가 났는데도 그들은 알라신에 의해 예정된 일이라고 말합니다. 그들은 거기서 죽을 예정이었기 때문에 죽었다는 것입니다. 이슬람 근본주의자들이 '알라신은 위대하다'고 외치며 죽으면 천국 간다는 생각으로 자살폭탄 테러를 저지르는데 이것 역시 공간신앙입니다.

성지순례에
예수님은 없었다

기독교에도 공간신앙의 모습이 좀 남아 있습니다. 천주교 성당에 가면 마리아상을 비롯해 예수님상이나 베드로상 등을 볼 수 있습니다. 개신교에는 십자가 외에는 거의 없습니다. 천주교에서 개신교로 오게 되니 이만큼 달라졌습니다. 공간신앙이 없어질수록 신앙은 더 깊어집니다.

많은 기독교인들이 이스라엘을 성지라 하여 평생에 한 번은 가보고 싶어 합니다. 저는 오래전에 성지순례를 다녀온 적이 있는데 그때 너무 실망하여 다시는 이스라엘을 성지라고 부르지 않습니다. 그곳에는 장사꾼들이 판치고 미신과 돈벌이로 가득 차 있었습니다. 모든 장소를 상업화하여 예수의 정신은 온데간데없었습니다. 너무나 마음이 아파서 갈릴리 바닷가 근처에 앉아서 기도를 드렸습니다.

"주님, 제가 어려서부터 성지에 오고 싶어 하다가 드디어 이렇게 왔습니다. 그러나 와보니 이곳은 주님의 뜻이 있는 곳이 아니었습니다. 이곳 사람들은 돈벌이에 혈안이 되어 여행객들의 호주머니만 노리고 있습니다. 주님의 말씀은 어디에도 없습니다. 성지가 왜 이렇게 되었습니까? 제 마음이 너무나 괴롭고 아픕니다."

그때 제게 조용히 주님의 뜻이 느껴졌습니다.

'너는 왜 여기 와서 나를 찾느냐? 나는 지금 여기 있지 않다. 내 뜻이 있는 곳에 내가 있다. 병원에서 치료받지 못해서 고통을 겪는 환자들 옆에 내가 있다. 가난하고 굶주린 사람이 많은 곳에 내가 있다. 큰 예배당이 아니라 말씀을 사모하는 사람들 옆에 내가 있다. 나는 세상에서 버림받고 희망을 잃어버린 사람들 옆에 있지, 이곳에 있지 않다. 그러니 이곳에서 나를 찾지 마라.'

그 말씀을 듣고 나니까, 오랫동안 우리 교인들이 성지순례라는 공간신앙을 가지고 살았는데 그것은 올바른 신앙이 아니었구나 하는 깨달음이 왔습니다. 예루살렘이 저의 고향과 다른 한 가지는 그곳에서 하나님의 은총 사건이 일어났다는 것입니다. 예루살렘은 역사적인 유산으로서 의미가 있는 것이지 신앙의 대상은 아닙니다. 그래서 그 후로는 성지에 다녀왔다고 하지 않고 예수님의 고향에 다녀왔다고 말합니다.

예배는 하나님을 아버지로 만나는 것

우리 인간은 공간과 시간 속에 삽니다. 공간은 육신과 더불어 있고, 시간은 우리의 정신과 더불어 있습니다. 예수님을 믿는 우리의 신앙은 육체와 더불어 있는 종교가 아니라 영적인 종교입니다. 예수님은 이렇게 말씀하셨습니다.

> 진실하게 예배하는 사람들이 영적으로 참되게 아버지께 예배를 드릴 때가 올 터인데 바로 지금이 그 때이다. 아버지께서는 이렇게 예배하는 사람들을 찾고 계신다 요 4:23

예수님은 "지금이 그 때"라고 하셨습니다. 지금 예수님이 오셨기 때문에 모든 공간신앙과 자연신앙은 뒤로 물러가고 진리와 영적인 역사 신앙이 시작되었다는 말씀입니다.

위의 예수님 말씀 중에 "아버지께"라는 말을 너무 가볍게 보면 안 됩니다. 제가 대학생 때 우리 가족이 오랫동안 살던 집에서 이사를 가게 되어 다른 가족이 그 집에서 살게 되었습니다. 저는 그들과 자주 교제를 했는데, 어느 날 그 가족 중 저를 따르던 청년이 저에게 "형님, 아무도 모르는 비밀을 말씀드리고 싶은데 시간 좀 내주세요" 했습니다. 그는 심각하게 이야기를 꺼냈습니다.

"저는 오늘까지 우리 아버지, 어머니가 내 친부모인 줄 알았습니다. 그런데 밖에 나갔다가 집에 들어오다 손님과 부모님의 대화를 듣게 되었습니다. 그분들은 제가 친자식이 아니라 입양되어 왔다는 이야기를 나누고 있었습니다. 저의 친부모가 지금 어떻게 살고 있다는 이야기도 들리더군요. 저는 하늘이 무너지고 땅이 꺼지는 것 같았습니다. 이게 무슨 일입니까? 형님, 저 이제 어떻게 해야 합니까?"

저는 "너무 힘들게 생각지 마라. 네 부모님은 사랑이 있는 분이 아니시냐. 지금 부모님이 너를 사랑해 주시면 그 사랑을 받으며 살면 된다. 만일 친부모님이 나타나 너를 사랑하신다면 그 사랑도 받아라. 부모와 자식 사이에는 사랑이 첫째다" 했습니다.

저는 그 이상은 이야기할 수가 없었습니다. 예수님이 말씀하신 '아버지'는 그런 아버지입니다. '야훼 신', '여호와 신'처럼 막연한 '신'이 아닙니다. 그냥 '하나님'도 아닙니다. 바로 '아버지 하나님'입니다. 아버지와 내가 하나가 되고, 자녀로서 아버지께 영적으로 참되게 예배드릴 때가 왔다는 것입니다. 예배는 형식이 아닙니다. 예배는 행사가 아닙니다. 하나님을 아버지로 만나는 시간입니다.

제 친구 김태길 선생이 한번은 기도해야겠다 싶어 기도를 드리고 보니까 다 복을 구하는 내용이었다고 말했습니다. 자신도 모르게 나를 위한 기도만 했다는 것이지요. 그런데 하나님을 아버지로 만나는 사람은 기복 기도를 할 수 없습니다. '나 중심'의 기도를 할 수 없습니다. 하나님 아버지의 뜻을 묻는 기도를 하게 되고, 그 뜻을 따르는 기도를 하게 됩니다. 아버지 되시는 하나님께 영적으로 참된 마음으로 기도를 드려야 하는 것입니다.

예배 시간에 나누는 말씀도 하나님을 만나는 시간입니다. 그런데 가톨릭이든 개신교든 과연 바른 설교를 하고 있는지 의문이

듭니다. 가톨릭 신부들의 강론을 들어 보면 교리를 벗어나지 않습니다. 그러나 교리의 무한 반복은 결국 굳어지게 되어 있습니다. 반면에 개신교 목사들의 설교를 들어 보면 교리에서 너무 벗어나 있습니다. 탈선입니다. 그래서 개신교에서 이단이 많이 나오는가 봅니다. 하나님을 만나는 사람은 신앙이 굳어 있지 않습니다. 탈선하지 않습니다. 결국 하나님을 만나는 것이 중요합니다.

예수님이
선포한 신앙

신앙은 마음으로 믿는 것입니다. 지식만 있다면 신앙이 아닙니다. 지식만 있는 신학자들은 지식인이지 신앙인이라 할 수 없습니다. 또한 감정도 신앙이 아닙니다. 감정은 곧 사라지고 맙니다. 집회에서 위로받고 은혜받고 눈물 흘렸다고 해서 그런 감정을 신앙이라 할 수 없습니다. 또 신앙은 구제사업이 아닙니다.

예수님이 선포한 신앙은 어떤 신앙입니까?

예수님이 "내가 너희가 기다리는 메시아다"라고 말씀하시자 사마리아 여인은 동네로 가서 복음을 전했습니다. 그녀는 도대체 왜 갑자기 동네로 가서 사람들에게 메시아가 왔다고 말했을까요? 그녀가 예수님을 만남으로써 변화되었기 때문입니다. 사마리아 여인은 지식으로 예수님을 이해한 게 아닙니다. 감정이 격해져서 예수님을 메시아로 착각한 게 아닙니다. 선한 일을 하다가 예수님을 만난 것이 아닙니다. 그녀는 예수님을 만나 변화되었습니다. 그리스도를 만남으로써 변해야 진정한 신앙인이 됩니다.

어떤 사람이 저를 만나러 왔다고 하면서 저희 집 주위만 맴돌고 있다면 그는 저를 만난 것입니까? 초인종을 눌러 집 안에 들어와 저를 직접 만나야 만난 것입니다. 그런데 예수님을 만나지도 못하고 주위만 빙빙 돌다 장로가 되고 신학자도 되는 것이 현실입니다.

예수님을 만나는 것이 신앙의 근본입니다. 사마리아 여인의 신앙은 첫째, 공간신앙이 아니었습니다. 둘째, 자기의 감정이나 지식이나 의지를 믿는 신앙이 아니었습니다. 예수님을 만나게 되면 예수님이 내 안에 와서 거하십니다. 내가 사는 것 같지만 다른 사람이 나를 볼 때 '저분은 우리하고 다른 사람이야. 저분 속에 다른 사람이 있어. 아마 예수님이 그 속에 계실 거야'라고 말하게 됩니다. 그런 사람이 목사요 장로요 신학자가 돼야 합니다.

예수님을 만남으로
인격적으로 변화되다

예수님을 만남으로 인격적인 변화를 경험한다는 것은 예수님과 언제나 함께한다는 것을 의미합니다. 예수님이 동행하는 삶에는 눈에 띄게 나타나는 몇 가지 변화가 있습니다.

첫째, 인생관이 달라집니다. 삶의 목적이 달라지는 것입니다. 만일 하나님이 저에게 경제적으로 큰 축복을 주셔서 제 자식들이 독립해서 살 만한 재산을 나눠줄 수 있는 정도였다면 저는 어떻게 되었을까 생각해 봅니다. 아마 그 재산 관리 때문에 제가 할 일을 다하지 못했을 것입니다. 저는 하나님께 생활비만 책임져 달라고 기도했습니다. 더 이상은 욕심 내지 않겠다고 했습니다. 그렇게 생각하고 사니 마음에 여유가 생겼습니다.

얼마 전에 도산상과 유일한상, 인촌상을 한꺼번에 받았습니다. 도산 안창호 선생, 유일한 선생, 인촌 김성수 선생 모두 제가 존경하는 분들이라 감사한 마음에 몸 둘 바를 몰랐습니다. 거기에 상금까지 받았습니다. 하지만 제게는 이 상금을 쓸 권리가 없습니다. 제가 일해서 번 게 아니기 때문입니다.

더 많은 재산을 갖고 싶어 하고 더 많은 권력을 얻고 싶어 한다면 그는 크리스천이 아닙니다. 크리스천은 나 하나를 만족시키는 인생을 살지 않습니다.

지인 중에 대학에서 이런저런 사무를 보다가 이사회에 소속되어 학교 살림살이를 도맡게 된 분이 있습니다. 그분이 내가 이만큼 학교를 위해 일했는데 명예를 얻을 만하지 않은가 싶어 여러 절차를 밟아 명예학위를 받게 되었습니다. 그런데 이것이 빌미가 되어 어느 자리에 가든 환영받지 못하는 사람이 되었습니다. 명예학위를 받은 다른 사람들이 그분을 인정하지 않았기 때문입니다. 그분이 자기들 수준에 못 미친다는 것입니다. 결국 그분은 크리스천으로서 본이 되지 못하게 되었습니다.

저는 그분을 보면서 크리스천이라면 부끄러운 상은 받으면 안 되겠구나 생각했습니다. 주변 사람들이 수고를 인정하고 감사해서 상을 주어야지, 스스로 상 받을 만하다고 우쭐대면 안 되는 것입니다. 내가 무엇을 소유하기 위해 한 일은 남는 게 없습니다. 유명해진 것 같아도 남는 게 없습니다. 이것이 하나님께서 우리에게 주신 진리입니다. 하지만 더불어 살면 행복해집니다. 자신을 위해서는 될 수 있는 대로 적게 소유하고 남을 위해 살아야 합니다.

예를 들어, 어떤 사람이 승진해서 다른 부서로 옮겨 갔습니다. 성공적인 부서 이동입니다. 그런데 같은 부서에 있던 사람들이 "김 과장 있을 때 우리가 정말 고생 많았지" 하고 말한다면 그는 성공한 것이 아닙니다. 반면에 "김 과장은 정말 배울 점이 많았어. 다시 왔으면 좋겠어"라고 한다면 그는 성공한 것입니다. 그의 일이나 성과는 금세 잊히겠지만 그의 마음이나 태도는 오래 남습니다.

하나님 나라는 하나님의 뜻을 위해 나를 버린 사람들이 건설하는 것입니다. 하나님의 뜻을 아는 사람은 자신을 위해선 가질

게 없습니다. 그는 인생을 보람 있게 삽니다. 제 친구 안병욱 선생과 김태길 선생은 그런 사람이었습니다. 그들이 이룩한 학문적 업적도 물론 크지만 그보다 그들이 사람들과 더불어 살면서 남긴 따뜻한 기억이 더 많습니다. 어딜 가나 '안 선생에게 고마웠다', '김 선생에게 고마웠다'는 인사를 제가 대신 듣고 있습니다. 그 두 친구가 늘 고맙고 그립습니다.

이처럼 나를 위해 한 일은 남는 게 없고 더불어 살면서 나라와 민족을 위해 걱정하고 수고하는 것은 남습니다. 여기에 예수님의 뜻이 있습니다. 그렇게 산 사람은 긴 여운을 남기고 사람들에게 영향을 미칩니다.

영락교회 장로님 중에 한 분이 한경직 목사님이 살아 계실 때 은퇴 후 살 만한 집을 미리 구입해 두었습니다. 목사님이 은퇴하면 교회가 마련해 주는 사택을 굳이 사양하실 게 분명하니까 몰래 집을 구입한 것입니다. 은퇴 후에도 여기저기 불려다니며 하실 일이 많을 테니 이동의 편리성까지 고려해 공항 근처에 집을 마련했습니다. 마침내 은퇴해서 딸네에 계신 한경직 목사님을 찾아가 열쇠를 내밀었습니다. 그러나 목사님이 펄쩍 뛰며 극구 사양하시는 바람에 장로님은 집을 도로 팔아야 했다고 합니다. 한경직 목사님은 한국 교회에 모범적인 목회자상의 기준을 제시하신 분입니다. 그분은 세대를 넘어서 교회와 사회와 사람들에게 영향을 미치고 계십니다.

둘째, 가치관이 바뀝니다. 무슨 문제가 생겼을 때 가장 먼저 예수님이라면 어떻게 하셨을까 질문하게 되는 것을 말합니다. 다시 말해 가치판단의 기준이 예수님이 됩니다. 신앙이 어린 사람은 무슨 문제가 생기면 사람들을 찾아가 그 해결 방안을 묻습니다. 부모님을 찾아가고 선생님을 찾아가고 목사님을 찾아갑니다. 하지만 신앙이 성숙해지면 예수님을 찾아가 묻습니다.

그런데 어떤 사람은 예수님이 하라고 해서 했더니 돈 벌었다고 간증하고 다니는데, 저는 그건 예수님의 가치관이 아니라고 생각합니다. 예수님이 바라는 것은 하나님의 뜻이 이루어지는 것입니다.

셋째, 사명감이 생깁니다. 이것이 크리스천이 세상 사람들과 구별되는 결정적인 차이점입니다. 크리스천은 죽을 때까지 사명의식으로 살아갑니다. 주님이 내게 맡겨 주신 사명을 깨달으면 그것 때문에 살게 됩니다.

사명은 인간의 삶을 풍부하게 하고 역사를 바꿉니다. '내가 널 쓰기 위해 택했다' 하는 주님의 부르심이 은총의 선택인데, 빨리 부르심을 받을 때도 있고 늦게 부르심을 받을 때도 있습니다.

주님이 기뻐하시는 삶이 되기를

저는 어려서부터 건강에 자신이 없었습니다. 모친이 "나는 네가 스무 살까지 사는 것만 보았으면 좋겠다"고 얘기했을 정도였습니다. 그 마음을 잘 아는 저는 열네 살 때 하나님께 기도를 드렸습니다. "하나님께서 저에게 건강을 허락해 주시면 건강하게 움직일 수 있을 때까지 저를 위하지 않고 하나님께서 맡겨 주시는 일을 하겠습니다"라는 기도였습니다. 제가 처음 주님의 일을 한 것은 열여덟 살 중학교 4학년 때였습니다. 평남 연유 부근에 있는 덕지리교회에서 맡았던 하기 아동성경학교 겸 신앙부흥회였습니다. 그와 같은 일은 지금까지 계속되고 있습니다.

그중 캐나다에서 있었던 신앙집회는 지금도 감사히 기억하고 있습니다.

캐나다 토론토의 한인교회에서 성황리에 신앙집회를 끝냈는데, 밴쿠버 한인교회 반병섭 목사가 저에게 귀국하는 길에 자신의 교회에도 들러 주말집회를 맡아달라고 요청했습니다. 반 목사는 나에게 "얼마 전에 그 교회에서 한경직 목사님이 인도하는 집회가 있었고, 같은 밴쿠버에 있는 순복음교회에서는 조용기 목사님이 부흥집회를 했기 때문에 많이 모이지는 못하겠지만 젊은 지성인들이 참여해 줄 것입니다"라고 말했습니다.

처음에는 150명 정도를 수용할 수 있는 작은 예배실에서 모이기로 했는데, 사람들이 많이 모여 큰 예배실로 옮겨야 했습니다. 예배가 네 차례 계속되었는데 과거 어느 때보다 많은 청중이 모였습니다. 본 교회 신도들보다 밴쿠버에 거주하는 지성인들이 중심이 되었습니다. 집회를 끝내면서 반 목사가 상상 밖의 성황이었고, 은혜로운 집회여서 잊을 수가 없다고 말했습니다.

저 같은 평신도가 국내 기독교 학교는 물론, 해외 교회에서 설교를 하게 되리라고는 저 자신도 꿈꿀 수 없는 일이었습니다. 미국과 캐나다에 있는 한인교회를 위해서도 수십 차례 다녀왔을 정도입니다.

저는 그때마다 그런 일은 내가 원해서 한 일이 아니고 주님께서 어렸을 때의 나의 기도를 이루어 주신 것으로 믿고 있습니다. 우리에게 주어진 사명은 주님께서 원하시는 뜻과 섭리에 따르는 것입니다. 저도 그런 사명을 수행하는 주의 작은 종이 된 것을 큰 영광으로 회상하고 있습니다.

요즘 저는 예전처럼 기도를 많이 하지 않습니다. 다만 기도하는 마음으로 살고 있습니다. 제 삶이 기도가 되었습니다. 그리고 무슨 일을 하든 감사하게 되었습니다. 주님께서 맡겨 주시는 일을 했으니까 감사한 것입니다. 주님이 기뻐하시면 그게 행복입니다. 주님을 사랑하게 되면 내가 일을 했다고 생각하지 않고 주님이 하셨다고 고백하게 됩니다.

세상 사람들은 자기가 만족해야 기뻐하는데 신앙인은 하나님이 기뻐하시면 내가 더 기뻐집니다. 되도록 빨리 공간신앙, 자연신앙을 떠나십시오. 그리고 아버지 하나님께 영과 진리로 예배를 드리십시오. 주님을 만남으로 인격의 변화가 일어나서 인생관과 가치관이 바뀌고 사명을 따라 살기 바랍니다. 하나님의 뜻을 가지고 사는 것이 우리에게 주어진 신앙의 길입니다.

4

누가 예수님이 기대하시는 신앙을 가질 수 있는가

사회의 필요를 수용하지
않는 종교는?

우리나라의 가장 오래된 종교는 역시 불교입니다. 조계종이 제일 역사가 오래되었고, 불교에서 나온 원불교도 탄생한 지 오래 됐습니다. 앞에서도 이야기했지만 원불교는 눈에 보이는 불상이나 산속에 지은 절이 하나도 없습니다. 단지 원 하나만 있습니다. 원불교도들은 그 앞에서 부처님의 생각과 사상이 무엇인지 찾습니다.

원불교도들은 세 가지에 집중합니다. 첫째, 교육 사업을 열심히 합니다. 교육 수준이 낮은 사람들, 교육을 제대로 받지 못한 사람들은 아무리 종교를 가지고 믿어도 미신으로 흐르는 경우가 많습니다. 그래서 무엇보다도 먼저 교육을 시켜 인간과 인격의 수준을 높이지 않으면 안 된다고 생각합니다.

둘째, 의료 사업을 중시합니다. 병든 환자들이 병원 진료 대신 부처님한테 가서 불공을 드리고 낫게 해달라고 기도하는데, 그렇게 해서 부처님이 고쳐 주는 건 아니니 대신 병원을 지어서 병에서 해방시켜 주는 것이 부처님의 뜻이라고 보는 것입니다.

셋째, 가난에서 해방시키는 구제사업을 중시합니다. 가난이 인간을 불행하게 합니다. 그 가난을 부처님이 해결해 주는 것이 아니고 또 불공을 드렸다고 해서 해결될 문제도 아니니 불교도들은 누구보다도 열심히 일하고 부지런히 기업을 일으켜서 가난에서 해방되자고 합니다.

조계종과 같은 전통적인 불교에서 원불교가 나왔듯이 우리 개신교도 가톨릭에서 나왔습니다. 사회의 필요를 받아들이지 않는 종교는 버림받게 됩니다. 불교와 힌두교는 인도에서 시작되었지만 힌두교가 불교보다 더 성장했습니다. 저는 인도에 여행 가서 불교의 탄생지인 아잔타(Ajanta)에 가보았는데 거기에 불교도는 없고 힌두교도들만 있었습니다. 불교도는 동남아시아에서 더 많이 볼 수 있습니다. 사실 우리 기독교의 탄생지도 이스라엘이지만 그곳엔 기독교가 없습니다. 기독교는 로마를 통해서 전 세계에 흩어졌습니다.

신앙의 핵심은 진실과 사랑이다

저는 어릴 적부터 인도의 간디를 존경해 왔고 지금도 항상 마음에 간직하고 있습니다. 간디를 얼마나 존경했는지 내 인생에서 가장 중요한 일이 생겼을 때 두 번이나 꿈에서 간디 선생을 만났습니다.

일본 유학을 갔을 때의 일입니다. 아르바이트를 해서 공부해야 했기에 하숙방 사이에 있는 창고 같은 방을 구했습니다. 집세는 옆 하숙방의 3분의 1이었는데, 이부자리를 깔면 발 디딜 틈이 없을 만큼 좁은 방이었습니다. 주인 할머니는 남편과 사별 후 학생에게 방을 빌려주며 생활하고 있었습니다. 제가 그 방에 들어가니까 주인 할머니가 오더니 "큰 방을 썼던 학생들은 잘 모르겠는데 이 작은 방을 거쳐 간 학생들은 다 성공했어요"라고 말했습니다.

그 방에서 잠이 들었는데 제가 존경해 마지않는 간디 선생과 만나는 꿈을 꾸었습니다. 넓은 들에 나가 보니 간디 선생이 가난한 사람들 앞에서 강연을 하고 계셨습니다. 강연을 끝낸 간디 선생은 청중에게 좋은 사람을 한 명 소개해 주겠다면서 저더러 강단으로 올라오라고 하셨습니다. 그러면서 "이분은 나와 같은 정신을 가진 분이다" 하고 소개해 주었습니다. 잠에서 깬 뒤 과연 내가 간디 선생을 무척 좋아하긴 하나 보다 생각했습니다.

구약 성경에 많은 교훈이 담겨 있지만 예수님은 "하나님께서 우리를 사랑한 것같이 네 이웃을 사랑하라"는 말씀으로 구약의 교리가 완성되었다고 하셨습니다. 간디 선생의 인생론은 '거짓을 버리고 진실을 찾아라. 온갖 폭력을 버리고 사랑의 사회를 만들자'입니다. 다시 말해 진실과 사랑입니다.

이 진실과 사랑은 모든 종교가 이야기하는 것이기도 합니다. 당연히 기독교 정신도 그렇습니다. 만일 진실과 사랑을 배제하면 인간은 행복하게 살 수 없습니다. 예수님도 '진리'에 대해 많이 말씀하셨습니다. 진리는 거짓이 없는 것입니다. 진실 여부가 우리 사회의 모든 걸 바꿉니다. 그 다음엔 이웃 사랑입니다. 사랑이 없으면 기독교는 아무것도 아닙니다. 사랑이 얼마나 중요한지를 잘 보여주는 작품이 일본 작가 엔도 슈사쿠의 《침묵》입니다.

《침묵》은 17세기 일본의 천주교 박해를 그린 소설입니다. 천주교의 전통은 반드시 교회를 이끌어 가는 신부가 있어야 합니다. 그에 비해 개신교는 목사 없이 평신도끼리도 교회를 이끌어 갈 수 있습니다. 북한의 지하교회가 대표적인 예입니다.

막부시대에는 기독교에 대한 잔혹한 박해로 인해 일본 열도에 당도한 서양인 신부들이 죽임을 당하거나 쫓겨났습니다. 심지어 신부들이 배교하기도 했습니다. 그 바람에 일본 교회의 신도들은 신부 없이 버려진 양처럼 흩어져 있었습니다. 그런 그들의 처지를 안타깝게 여긴 포르투갈 신부가 어렵사리 일본에 당도했고, 신도들만 만난 후 산에 숨어서 지냈습니다. 그러다 눈에 띄는 용모로 인해 결국 붙잡히게 됩니다.

어느 날 신부는 일본 관리들로부터 관가에 붙잡혀 온 일본인 크리스천들의 생명을 살리고 싶으면 예수 얼굴이 새겨진 동판을 밟고 지나가라는 협박을 받습니다. 신부가 예수를 밟았으니 너희도 예수를 믿을 필요가 없다는 증거로 이용하려는 속셈이었습니다. 신부는 그걸 밟으면 신부 자격을 잃어버린다는 것을 잘 알고 있었습니다. 그는 고뇌하며 "주님, 제가 어떻게 해야 합니까? 제가 밟으면 저 사람들이 살겠고 밟지 않으면 저들이 죽는데 어떻게 할까요?"라고 물었습니다. 무엇이 옳은지 고민하던 그는 결국 사람들을 위해 배교를 선택합니다. 신부가 동판을 밟을 때 그의 귓전에 들리는 소리가 있었습니다.

"밟아라. 네 발의 아픔을 내가 제일 잘 알고 있다. 밟아라. 내가 세상에 온 것은 너희들의 아픔을 나누기 위해서다. 그래서 십자가를 짊어진 것이다."

저는 이 작품을 읽고 '아, 인간을 사랑할 수 없다면 그것은 기독교가 아니구나. 이웃을 사랑할 수 없다면 신앙을 지킨다 해도 의미가 없는 것이구나' 하고 생각했습니다.

오늘날 우리 크리스천은 어떻습니까? 교회는 어떻습니까? 우리는 기독교를 너무 쉽게 생각합니다. 그저 신앙인이 돼서 교회에 가서 복 받으면 된다는 생각을 넘어서야 합니다. 이렇게 쉽게 믿으려고 하면 예수님이 십자가를 지지 않으셨을 것입니다.

최근 미국 청소년을 대상으로 설문한 결과를 보면 오늘날 기독교의 실태를 잘 알 수 있습니다. '왜 교회에 가지 않는가?'라는 질문에 많은 청소년들이 "교회는 인간이 겪는 고통과 불행에 대해서 책임도 지지 않고 해답도 주지 못하기 때문"이라고 답했습니다. 그런 종교가 무슨 의미가 있느냐는 뜻입니다. 그 다음을 잇는 대답이 "크리스천은 위선자이기 때문"이었습니다. 오늘 우리는《침묵》의 로드리고 신부처럼 긍휼의 사랑 때문에 배교자로 살지 않는 대신 이웃의 아픔과 고통을 외면하는 위선자로 살고 있습니다.

이밖에도 미국의 청소년들은 '신앙적인 내용이 과학과 너무 어긋난다' '비과학적인 내용이 너무 많다' '교회에서 하는 얘기는 허무맹랑하다' '교회는 역사적으로 나쁜 짓을 너무 많이 했다'고 응답했습니다.

바로 이런 책임을 감당하지 못하면서 종교를 갖는다는 건 그저 자기만족입니다. 나 자신이 만족하기 위해 믿는 것입니다. 그래서 문제입니다. 우리는 예수님이 주신 교훈을 잘못 적용하는 경우가 많습니다.

무엇을 위한,
누구를 위한 신앙인가

제가 예전에 LA에 가서 저명한 목사님과 교수님들이 모인 자리에 참석한 적이 있습니다. LA에 계신 분 가운데 한 분이 "진정한 신앙은 신본주의입니까, 인본주의입니까?" 하고 우리에게 물었습니다. 신본주의는 인간이 하나님을 위해 존재한다는 입장입니다. 인본주의는 인간이 전부이며 하나님은 필요 없다는 입장입니다. 인간이 하나님을 위해 있는가, 하나님이 인간을 위해 있는가 묻는 질문에 모두 대답하기가 난처해졌습니다. 그래서 제가 대답하겠다고 하고는 한국에서 겪었던 일을 이야기했습니다.

한번은 학교 연구실에 있는데 두 학생이 찾아왔습니다. 한 명은 무신론자고 다른 한 명은 대형 교회에 다녔습니다. 한 학생이 "선생님, 인간이 사는 목적이 무엇입니까?" 하고 물었습니다. 제가 대답하기 전에 교회 다니는 학생에게 어떻게 생각하는지 먼저 물었습니다. "저는 인간의 존재 목적은 하나님께 영광 돌리는 것이라고 생각합니다"라고 했습니다. 그러니까 무신론자인 학생이 "교회 다닐까 생각하다가도 저런 소리가 듣기 싫어서 안 갑니다" 했습니다.

그 학생은 인간의 존재 목적이 어떻게 하나님께 있느냐고 따졌습니다. 교회 다니는 학생은 교회 목사님이나 성도들은 그렇게 믿고 있다고 했습니다. 저는 그들에게 이렇게 답해 주었습니다.

"오랫동안 인간은 인생의 목적을 자기 자신에게 두고 살았습니다. 인간은 자연 질서와 인간 중 하나를 믿었습니다. 그런 인류 역사에 하나님을 믿는 신앙이 나타났습니다. 하나님을 믿는다는 것은, 인간이 하나님을 위해 또는 하나님 때문에 사는 것을 의미하지는 않습니다. 이전에는 인생의 목적과 희망을 잃어버리고 살았는데 하나님을 믿음으로써 새로운 희망과 새로운 역사의 장래를 가질 수 있게 된 것을 의미합니다. 그리스도를 통해 하나님의 말씀을 듣고 '이게 인간의 삶이로구나' 알게 된 것입니다. 인간 스스로는 자기완성을 할 수 없습니다. 인간 스스로는 구원할 수도 없습니다."

무신론자인 학생이 "이론적으로는 맞지만, 하나님을 위해 인간이 버림받아도 괜찮다는 것은 옳지 않다고 생각합니다"라고 말했습니다. 그 학생이 중요한 지적을 한 셈인데, 철학자들은 이런 것을 두고 모순논리에 빠졌다고 말합니다. 중간이 없이 흑백논리로 나가는 것입니다. 흑과 백은 이론상으로만 가능하지 현실에는 존재하지 않습니다. 실제로는 흑과 백의 중간인 회색이 있을 뿐입니다. 백에 가까운 밝은 회색과 흑에 가까운 짙은 회색이 있을 뿐입니다.

한국인들은 흑백논리가 강한 편입니다. 그래서 나와 다르면 적이고 나와 맞으면 내 편이라 생각합니다. 그러나 앵글로색슨 계열 사람들은 흑백논리가 없습니다. 좀 더 착하냐, 좀 더 악하냐가 있을 뿐입니다. 그렇다면 신앙문제의 측면에서 봤을 때 인간은 어떨까요? 인간은 이 중간에서 삽니다. 하나님을 찾을 때는 백색이 되고 하나님을 찾지 않을 때는 흑색이 됩니다.

숭실학교 동기인 윤동주 시인이 신사참배를 피하기 위해 만주로 갔을 때 저는 학교를 자퇴해 버렸습니다. 1년가량 학교도 가지 않고 있자 저를 아끼는 목사님과 선교사님들이 우선 학업을 계속하는 것이 민족을 살리는 길이라며 등을 떠밀어서 숭실학교로 돌아갔습니다. 미국 선교사가 교장으로 있을 때는 신사참배를 하지 않았습니다. 그러자 총독부가 미국 교장을 쫓아내고 신사참배를 하든지 학교 문을 닫든지 하라고 엄포를 놓았습니다.

평양의 기독교 지도자들이 모여 500명이나 되는 학생들을 일본 학교에 보낼 수 없다고 뜻을 모았습니다. 민족주의 학교를 버리고 일본 교육을 시킬 수는 없었던 것입니다. 그래서 누군가 신사참배를 하더라도 학교를 살리자고 했습니다. 마침내 신사참배의 날이 다가왔습니다. 교장 선생님이 맨 앞에 서고 그 뒤에 교사들과 학생들이 서서 고개를 숙여 참배를 했습니다. 경례 한 번 하고 끝나는 간단한 일이었지만, 참배를 하고 나오는 교장 선생님의 주름진 얼굴은 눈물로 얼룩져 있었습니다.

그렇게 눈물로 학교를 지킨 교장 선생님께 당신 신앙은 잘못

되었다고 이야기할 수 없습니다. 당시 그런 상황이었기 때문에 숭인상업학교 교사이던 한경직 목사님이나 김재준 목사님이 신사참배를 한 것입니다.

해방 후 생겨난 재건파 장로교는 일제치하에서 신사참배한 목사는 자격이 없다고 비난했습니다. 신사참배하는 사람들에겐 구원이 없으며, 신사참배하는 목사는 자격이 없으니 그런 교회는 가지 말라고 한 것입니다. 당시는 이 논쟁이 뜨거워서 크리스천 가정 안에서도 분열이 일어나곤 했습니다. 저의 제자 하나가 재건파에 들어갔습니다. 아버지가 안 계셔서 할아버지 밑에서 자랐는데, 이 제자가 할아버지에게 "이 교회는 구원이 없으니 우리 재건파 장로교회로 가자"고 했습니다. 할아버지는 "지금까지 이 교회에서 신앙이 성장했는데 나는 못 간다. 신사참배가 그렇게 중요하냐?"고 했습니다. 손자와 할아버지가 교리 문제로 대립한 것입니다. 그 손자가 한국전쟁 때 남으로 와서 아주 유명한 목사가 되었습니다. 그런데 그를 어려서부터 봐 온 사람들은 그가 시무하는 교회에 가지 않았습니다. 재건파로 옮기지 않는다는 이유로 신실한 그의 할아버지의 신앙을 이단으로 몰아붙였기 때문입니다. 할아버지의 신앙을 부정하고 폄하하는 사람을 목사로서 존경하고 따르기 힘들다는 게 동향 사람들의 생각이었습니다.

재건파의 주장은 바울이나 베드로 같은 신앙만 인정하겠다,

바울이나 베드로보다 못한 신앙은 모두 틀렸다는 것입니다. 극단으로 치우쳤습니다.

신앙은 무엇이고 누구를 위한 것입니까? 아직도 자연신앙에 예속되어 있는 사람들이 많습니다. 예수님이 우리에게 말씀하신 게 무엇입니까? 종교적인 어떤 형상도, 교리 문제도 다 버리고 진실과 사랑을 취하라는 것 아닙니까? 예수님은 "진실하게 예배하는 사람들이 영적으로 참되게 아버지께 예배를 드릴 때가 올 터인데 바로 지금이 그 때이다"(요 4:23)라고 하셨습니다. 신앙은 내 마음의 문제요 진리의 문제입니다.

예수님을 메시아로
만나야 한다

신앙은 자연이나 자연 질서에 있는 게 아니라 나의 마음에 있습니다. 신앙은 우리 인간의 것입니다. 인간에게는 지·정·의 세 요소가 있습니다. 지·정·의가 균형 있게 충족되어야 올바른 신앙이 됩니다. 신학자들은 신앙을 신학이라 생각하는 경향이 있습니다. 그래서 신학을 연구하다 신앙을 버린 사람들이 많습니다. 자꾸 학문만 추구하다 보니 그렇게 되는 것입니다.

어떤 철학자가 '신이 존재하는 철학적 근거'를 다룬 훌륭한 책을 썼습니다. 사람들이 그 책을 읽고 과연 하나님이 계신가 보다 하며 신앙을 갖게 되었습니다. 그런데 세월이 흘러 이 철학자에게 문제가 생겼습니다. 자신이 하나님을 믿지 못하게 된 것입니다. 이 문제로 고민하던 그는 유명한 목사님을 찾아가서 상담을 했습니다. "제가 옛날에는 하나님을 믿었는데 지금은 못 믿게 되었습니다. 신앙을 다시 찾고 싶습니다." 그러자 그 목사가 그에게 책을 한 권 추천해 주었습니다. 바로 그 철학자가 쓴 책이었습니다. 이처럼 신학에서 학문적으로 예수님을 찾다가는 예수님을 못 만납니다. 거기서 실패합니다.

또, 신앙은 의욕과 노력으로 갖게 되는 것이 아닙니다. 지식만 가져서도 안 되지만 마르다처럼 일만 해서도 안 됩니다. 한때 YMCA와 YWCA는 우리나라에서 빈민사업과 구제사업 등 많은 일을 했습니다. 하지만 지금은 그 활동이 미미해서 사람들이 이들 단체가 무슨 일을 하는지도 잘 모릅니다. 신앙은 사업이 아닙니다. 구제도 중요하고 빈민사업도 중요합니다. 그래도 그 자체가 신앙은 아닙니다.

또한 감정에 기대는 신앙도 위험합니다. 신앙은 감정의 영향을 많이 받습니다. 정서적인 부분을 북돋아 흥분시키면 신앙을 빨리 받아들일 수 있으니까요. 예전에 흑인 교회에 갔다가 우리와 너무 달라서 깜짝 놀란 적이 있습니다. 몸을 흔들며 찬양하는 것은 물론 너무 흥분해서 졸도하는 사람도 있고 헌금을 예닐곱 번

하기도 합니다. 그런 모습을 보자 좀 겁이 났습니다. 감정에 빠지면 그렇게 됩니다. 기독교가 갓 전파된 개발도상국의 경우, 감정에 호소하는 목회를 많이 합니다. 하지만 감정의 열기가 식고 나면 신앙도 식어 버리는 것을 자주 봅니다.

신앙은 예수 그리스도를 만나는 것입니다. 교회에 오래 다닌다고 해서 믿어지는 것도 아니고, 목사나 신학자라고 해서 믿어지는 것도 아니고, 기적 같은 체험을 많이 했다고 해서 믿어지는 것도 아닙니다. 예수님을 믿으려면 예수님을 메시아로 만나야 합니다. 그러니까 은총의 선택을 받아야 합니다. 예수님을 만나기 전까지는 모든 것이 문제가 되지만 그분을 만난 사람은 모든 게 문제가 안 됩니다.

인간 신앙에서 그리스도 신앙으로

얼마 전에 연세대 졸업생을 만났습니다. 제가 "천사가 있다고 생각하나요, 없다고 생각하나요?" 하고 물었습니다. 그랬더니 "성경에 있다니까 믿어야겠죠"라고 대답했습니다. 저는 천사는 옛날에도 없었고 지금도 없다고 생각한다고 말했습니다. 인간이 선한 방향으로 살아가려고 노력하는 것이 천사의 모습입니다. 반면 악으로 떨어지려는 경향은 악마의 모습입니다.

옛날 사람들은 그렇게 이해하지 못했습니다. 그래서 '천사가 너를 도와주었다' '악마가 우리를 유혹했다'라고 이야기했습니다. 천사와 악마는 형상으로 있다고 생각하지 않습니다. 우리 마음속에 천사의 기능도 있고 악마의 기능도 있습니다. 바울 선생도 선한 신앙으로 가려고 하는 이성과 악으로 가려는 본능이 마음에서 싸운다고, 정말 고통스럽다고 했습니다. 그러면서 예수님이 그 고통을 해결해 주셨다고 고백했습니다.

미국 청소년들이 교회가 고통의 문제, 악의 문제에 대해 해결하지도, 가르쳐 주지도 않기에 교회에 가지 않는다고 했다는 설문조사 결과를 앞에서 보았습니다. 우리는 이 문제를 어떻게 해결해 나가야 합니까? 하나님은 이미 해답을 주셨는데 우리가 그것을 배반했습니다. 주님은 우리에게 갈 길을 제시하셨는데 우리가 반대 길로 떠났습니다. 우리 인간은 선하게 살 능력을 가지고 있었는데 그 능력을 잃어버렸습니다. 그래서 자꾸 자신도 모르게 동물과 같이 본능에 이끌려 악으로 가기 시작했습니다. 그것이 지금 우리의 고통과 불행을 만들고 역사를 망쳤습니다.

우리는 수천의 악마도 하지 못하는 악을 만들고 있습니다. 바로 핵무기를 만드는 것입니다. 기껏 인간의 지혜를 모아서 한 일이 전 인류의 재앙인 핵무기를 만든 것이라니, 우리는 회개해야 합니다. 전 세계의 많은 핵무기를 없애는 건 아마 히말라야산을 올라가는 것만큼이나 어려울 것 같습니다. 그러나 그 길이 어렵다고 해서 포기해서는 안 됩니다. 선한 능력을 가지고 있는 우리가 왜 그걸 만들었을까요? 하나님이 우리에게 보여주신 선한 질서를 다 무시해서 그렇습니다.

옛날 사람들은 자연에서 많은 교훈을 얻었습니다. 요즘은 과학의 발달로 자연에서 교훈을 얻지 못합니다. 자연은 아름답고 조화롭습니다. 어려움이 닥쳐도 그것이 지난 후엔 큰 축복이 있음을 자연을 통해 배울 수 있습니다. 이렇게 아름다운 자연 질서를 보고 살면서도 인간은 선한 마음을 버리고 악한 세상을 만들었습니다. 우리가 착하게 살려는 마음을 가지고 노력하는 것, 그게 신앙입니다.

우리는 자연신앙에서 인간을 믿는 신앙으로, 인간 신앙에서 그리스도 신앙으로 돌아와야 합니다. 그리스도 신앙은 '나는 이제 할 수 없습니다. 내 능력으로는 해결할 길이 없습니다. 주님의 길 밖에는 내 길이 없습니다'를 체험하는 것입니다. 신앙은 어떤 상황에서도 절망하지 않으려는 의지를 가지고 사는 것입니다.

저는 열네 살에 신앙생활을 시작해서 지금까지 86년째 잘 유지하고 있습니다. 어려서부터 병약했던 저는 열네 살 때 오래 살지 못할 줄 알았습니다. 부모님도 의사도 포기했을 정도였습니다. 우리 동네 한쪽에 공동묘지가 있었습니다. 그 무덤을 보면서 저도 언젠가 그 안에 들어갈 것이고, 우리 부모님도 세월이 지나면 잊어버리겠지 생각하다 기도했습니다.

"하나님, 저에게 건강을 허락해 주십시오. 그러면 내 인생은 하나님의 것입니다. 하나님 일만 하다 죽겠습니다."

100세인 지금까지 저는 건강하게 살아서 불러 주기만 하면 어디든 가서 일합니다. 그것이 하나님과 한 약속이기 때문에 죽는 날까지 저를 부르시면 일하는 것입니다. 제가 가진 지식을 나누는 것, 사회와 국가를 위해 일하는 것이 하나님이 주신 저의 사명이라 믿습니다.

예수님을 그리스도로 받아들이면서 이제 나는 없어지고 다음부터는 내가 예수님 대신 움직여야 합니다. 내 마음에 예수님이 와서 나를 이끌어 가십니다.

신앙은 예수님의 뜻과 교훈을 받아들이는 것이다

철학자로서 저의 선배이기도 한 박종홍 교수는 참으로 존경스러운 사람입니다. 누구보다 성실하게 연구하고 공부한 학자였고 누구한테든 지성을 다했으며 인격 자체가 거짓이 없는 사람입니다. 그는 60세가 넘는 나이에도 진리를 찾겠다고 이틀 밤을 자지 않고 공부하다가 쓰러져 병원에 갈 정도로 연구에 매진했습니다.

그가 암으로 이 세상을 떠났을 때 조문하러 온 사람들이 깜짝 놀랐습니다. 기독교 장례를 치렀기 때문입니다. 제자들에게 자신은 철학도이기 때문에 신앙을 못 가진다고 하던 사람이 죽음을 앞두고 가족의 권면을 받아 신앙을 가졌다고 합니다. 세례까지 받고 세상을 떠났는데 모두 그가 크리스천이 되었다는 사실에 놀랐습니다. 우리 대학의 배종호 교수가 내 방을 찾아와 박 교수 이야기를 나누고 나갈 때 이렇게 말했습니다. "그렇지. 갈 곳이 없었겠지." 갈 곳이 없는 사람은 영원한 것에 기대게 되는데, 바로 그리스도에게 기대는 것입니다. 예수님을 만난다는 것은 신앙의 열쇠로 마음 문을 열고 믿음의 길을 가는 것입니다.

제 친구 김태길 교수도 진실한 사람입니다. 김 교수 옆에도 좋은 친구들이 많이 있었습니다. 남을 배려하고 진실하게 사는 친구들이 모두 크리스천이었습니다. 그래서 우리도 모르게 기도드리기부터 시작했나 봅니다. 좀 부끄러운 이야기지만, 서로 신앙 이야기를 나누진 않았기에 그가 세상을 떠난 후 일반인들처럼 장례를 치르리라 생각했습니다. 하지만 그의 장례식장에 가보니 빈소에 십자가와 함께 '성도 김태길'이라는 위패가 놓여 있었습니다. 친지에게 물어봤더니 40여 년 동안 심경의 변화를 느껴오다가 5, 6년 전부터는 자기 자신이 그리스도인이란 사실을 인정했다고 말해 주었습니다. 그리고 세상 떠나기 전에 세례 받고 크리스천이

됐다는 설명을 들었습니다.

신앙은 형식이 아닙니다. 신앙은 내가 나를 믿는 것이 아닙니다. 신앙은 예수님의 뜻과 교훈을 받아들이고 예수님 대신 내가 그런 삶을 살도록 변화되는 것입니다. 여기서 중요한 것은, 나는 예수님의 신앙을 받아들일 수 있는가, 내가 그 신앙을 받아들일 만큼 예수님의 기대를 채워 드리고 있는가를 스스로에게 물어보는 것입니다. 그렇게 스스로에게 물어보지 않았다면 몇 십 년을 교회에 다녔다 해도 그건 진정한 의미의 신앙이 아닙니다. 바리새인들이 다 그렇게 살았습니다. 그러나 우리가 진정한 신앙을 갖게 되는 한순간은 영원한 순간이 됩니다.

이기주의자는 그릇이 작은 데다 뚜껑까지 닫아 막기 때문에 아무리 열심히 교회에 다니고 예배를 드려도 신앙인이 될 수 없습니다. 이기주의자가 신앙을 가졌다는 것보다 더 큰 모순이 없습니다. 자신의 만족을 위해 남을 고통스럽게 하는 사람이 교회 열심히 나가고 헌금 많이 했다고 해서 어떻게 신앙인이라고 할 수 있겠습니까? 내 마음 그릇이 깨끗하고 겸손할 때 그 그릇의 크기만큼 예수님이 신앙을 주십니다.

덴마크의 철학자 키르케고르는 "인간의 삶을 역사라 하고 예수 그리스도가 머무는 순간을 영원이라 한다"고 정의했습니다. 신앙이란 무엇입니까? 예수님과의 동시성입니다. 하루하루를, 한 시간 한 시간을, 일 년 일 년을, 일생을 예수님과 같은 시간에 함께 머무는 것입니다.

'내가 가질 수 있는 신앙은 어떤 신앙인가?' '예수님을 마음속으로 받아들이기 위해서 무엇을 할 것인가?'를 구체적으로 찾아보고 또 기도드리며 사십시오. 저 역시 아침에 일어나면 짧은 시간이지만 꼭 기도를 드리는데, 나를 위한 기도나 가정을 위한 기도는 이미 끝난 지 오래됐습니다. 지금은 우리나라와 세계가 어느 방향으로 가야 하는지 하나님께서 이끌어 달라고, 하나님의 뜻을 알게 해달라고 기도합니다.

여러분도 민족을 위해, 국가의 장래를 위해 함께 기도하면 좋겠습니다. 그 뜻을 하나님께서 받아주시면 인류 역사가 악으로 가는 길을 막을 수 있을 것입니다. 크리스천다운 선택을 하고 함께 기도하기를 바랍니다.

5

신앙은 하나님 나라를 선택하는 것이다

교회는 교리에서
진리로 가야 한다

"하늘나라는 밭에 묻혀 있는 보물에 비길 수 있다. 그 보물을 찾아낸 사람은 그것을 다시 묻어두고 기뻐하며 돌아가서 있는 것을 다 팔아 그 밭을 산다"(마 13:44)는 말씀을 보면, 신앙의 선택에는 두 가지 기준이 있음을 알 수 있습니다.

첫 번째 기준은 과거로 돌아가기 위해서가 아니라 미래로 나아가기 위한 출발점이 되어야 한다는 것입니다. 그것이 무엇보다 중요한 선택의 기준입니다. 그리고 두 번째 기준은 신앙의 목적이 어디에 있는가 하는 것입니다. 우리는 더 소중한 것을 기준 삼아야 합니다. 교회가 목적이라고 생각하는 사람들이 있는데, 교회는 민족과 국가가 올바른 길을 가도록 인도하는 책임을 진 중간단계이지 목적이 아닙니다. 우리의 목적은 하나님 나라입니다.

역사적으로 봐도 그렇습니다. 하나님 나라를 선택하는 것이 가장 소중합니다. 성경을 보면 창세기의 천지창조로 역사가 시작되어 요한계시록의 주님의 재림 약속으로 끝납니다. 이 모든 말씀을 가르쳐 주신 분이 속히 오시겠다는 약속으로 마감하고 있는 것입니다. 예수님을 기준으로 해서 구약의 모든 신앙은 과거가 되었습니다. 기독교는 그 다음부터 미래를 향해, 하나님 나라를 향해 새롭게 출발하게 되었습니다. 그런데 신앙생활을 하다 보면 미래로 가지 못하는 경우를 발견하게 됩니다.

저는 가끔 시간이 날 때 기독교 방송을 통해 여러 목사님의 설교를 듣습니다. 대부분의 목사님이 구약을 설교의 재료로 삼습니다. 구약에도 하나님의 말씀과 뜻이 있는 것은 사실입니다. 그러나 예수님이 우리에게 중요하게 가르쳐 주신 것은 구약의 율법이 아닙니다. 지금도 여전히 구약의 계명과 율법을 많이 강조하는데 그것은 구약시대에 필요했던 것입니다. 그 계명과 율법은 예수님이 오신 후로는 다 뒤로 물러난 것들입니다. 구약의 질서와 계율은 다 과거로 돌려보내고 예수님을 통해 새로 출발해야 합니다.

제 팔촌 누님이 교회 권사입니다. 정릉에서 사셨는데 옆집에 박경리 작가가 살았습니다. 두 분이 친구 사이라 누님이 그분에게 교회에 가자고 많이 권했습니다. 그래서 몇 번 나갔는데 얼마 있더니 안 가겠다고 하더랍니다. 이유를 물으니 "목사님의 설교를 들어보니 오늘날 인간이 어떤 문제로 고민하고 있는지는 하나도 이야기하지 않고 뜬 구름 잡는 이야기만 하기 때문"이라고 대답했다고 합니다.

또 제가 우연히 박완서 작가의 수필을 읽었습니다. 그분도 신앙을 가져볼까 싶어 교회에 나갔는데 '과연 예수님이라면 저렇게 말할 수 있었을까' 싶을 만큼 목사들의 설교가 너무 자신에 차 있더라고 했습니다. 예수님도 그렇게 대담하게 말씀하지 못했을 것 같다고 했습니다. 신앙이 저렇게 쉬운 게 아닌데 싶어서 교회에 발걸음을 하지 않게 되었다고 썼습니다.

서영훈 적십자 총재도 돌아가시기 전에 "젊을 때는 나름대로 신앙생활을 착실히 했는데 사회생활을 하는 동안은 좀 놓쳤습니다. 그러다 최근에 건강이 좋지 않고 해서 신앙으로 다시 돌아가야겠다 마음먹고 교회에 나갔습니다. 그리고 교회에 가서 한 번 예배드리는 것으로는 좀 부족한 것 같아서 텔레비전에 나오는 큰 교회 목사님들의 설교를 들었습니다. 그런데 요즘 목사님들이 꼭 약장수 같았습니다"라고 했습니다.

프레드릭 비크너 목사는 명망 있는 작가로 상도 많이 받은 사람입니다. 그는 자신의 책 《어둠 속의 비밀》에서 "교회는 예수님을 상품화해서 유지되고 있다"고 지적했습니다.

기독교는 교리에서 진리로 가야 합니다. 그런데 진리는 다른 사람들에게 맡겨놓고 교리만 자꾸 강조하면 외면받을 수밖에 없습니다.

제가 연세대에 있을 때 신학을 공부한 뒤 뒤늦게 철학을 공부한 어느 교수님이 채플시간에 설교하며 말했습니다. "제가 여기 오기 전에 제 옆방의 동양철학과 교수님 방에 들렀다 왔습니다. 교수님에게 공자, 맹자보다 더 훌륭한 사상가가 있느냐고 물었더니 공자, 맹자보다 더 훌륭한 사상가는 어디에도 없다고 말씀하셨습니다. 그런데 서양철학자들에게 플라톤이나 아리스토텔레스보다 더 훌륭한 사상가가 있느냐고 물으면 '그로부터 2300여 년이 흘렀는데 어떻게 그분들의 사상이 전부일 수 있겠습니까. 철학은 거기로부터 계속 발전해 왔습니다'라고 대답했습니다."

이것이 철학자들이나 역사를 생각하는 사람들의 상식입니다. 교회가 구약의 계명과 율법으로 자꾸 돌아가는 것 같아 안타깝습니다. 객관적으로 구약의 십계명 가운데 지금 우리가 받아들일 수 있는 계명이 무엇입니까? 역사적 관점에 따라 답이 달라집니다.

제1계명에서 제3계명까지는 '우상을 섬기지 말라'는 내용입니다. 구약시대에는 자연신을 믿었기에 이 말씀이 맞습니다. 그 시대에는 눈에 보이는 우상, 즉 소나 뱀 같은 걸 섬겼습니다. 1962년에 제가 처음 인도에 갔을 때만 해도 소 숭배 문화가 지배적이어서 소가 지나가면 먼저 가도록 길을 비켜 주었습니다. 고속버스도 소 떼가 지나갈 때까지 기다렸습니다. 인도 사람들의 종교 전통 가운데 소는 존경스럽고 인간에게 혜택을 주는 신앙의 대상이기 때문입니다. 하지만 그로부터 10여 년 뒤에 인도를 다시 방문했을 때 인도인들이 거리를 지나는 소를 쫓아내는 모습을 보았습니다. 지금은 그런 변화가 와야 하고 또 올 수밖에 없습니다.

십계명의 제1~3계명은 그 당시 눈에 보이지 않는 하나님을 믿는 사람은 별로 없고, 자연신을 믿는 사람이 많았기에 반드시 필요한 계명이었습니다. 하지만 지금은 아닙니다. 지금은 우리 안에 들어온 우상을 살펴봐야 합니다. 하나님 나라보다 더 귀하게 여기는 것이 우리의 우상입니다.

'안식일을 거룩히 지키라'는 제4계명의 경우 예수님이 그 계명의 본질을 가르쳐 주시면서 계명 자체를 지키려고 사람을 괴롭히지 말라고 하셨습니다. 안식일이 사람을 위해 있는 것이지 사람이 안식일을 위해 있는 것이 아니라고 하셨습니다.

부산 피난 시절에 다니던 교회에서 안식일 논쟁이 있었습니다. 주일에 예배드리러 오기 위해 버스를 타는 것이 죄냐 아니냐를 두고 논쟁이 벌어졌던 것입니다. 이때 목사님이 내놓은 대답은 "예배드리기 위해 버스를 타는 것은 죄가 되지 않으나 예배 후 집으로 돌아가는 버스를 타는 것은 죄가 된다"였습니다. 예배 후에는 걸어가라는 말입니다. 지금은 받아들여질 수 없는 논리지만, 그때는 그대로 따랐습니다.

안식일 논쟁은 다른 곳에서도 불거졌는데, 선교사가 예배드리기 위해 한 달에 한 번 운항하는 배를 탄 것을 놓고 안식일을 범

했다고 지탄한 것입니다. 지금 생각하면 아무것도 아닌 일로 논쟁했다 싶지만 당시에는 매우 심각했습니다.

예수님도 유대인이 목숨처럼 소중하게 여긴 안식일로 인해 종교 지도자들과 자주 부딪치셨습니다. 안식일에 제자들이 밀 이삭을 비벼 먹는 것을 보고 바리새인들이 안식일을 어겼다고 지적하자, 예수님은 이렇게 대답하셨습니다.

> 안식일이 사람을 위하여 있는 것이지, 사람이 안식일을 위하여 있는 것은 아니다. 따라서 사람의 아들은 또한 안식일의 주인이다 막 2:27-28

예수님의 이 말씀은 당시로선 매우 위험한 발언이었습니다. 이는 계명과 율법을 무시하는 것이기 때문입니다. 이 말씀은 십계명이 사람을 위해 있는 것이지, 십계명 때문에 사람이 있는 건 아니라는 의미입니다.

제5~10계명은 윤리와 도덕의 문제이기 때문에 구약뿐 아니라 지금도 전 세계 어디에나 적용되고 있습니다.

교인들은 십계명만큼 소중한 게 없는데 제가 너무 가볍게 보는 것이 아니냐고 지적하지만, 문제는 그 정신이 남아 있느냐 없느냐입니다. 하나님의 뜻을 가볍게 여기는 인생을 사는 것이 지금 우리가 저지르는 잘못입니다.

예수님의 정신을 받아들일 때 하늘나라가 이루어지고, 역사도 새로운 출발을 하게 됩니다. 바로 예수님이 만들어 주신 전환점입니다. 우리는 구약적인 것을 떠나서 하나님 나라가 무엇인가를 생각하지 않으면 안 됩니다.

과거에 갇힌 신앙,
미래로 나아가는 신앙

그렇다면 과거로 회귀하는 신앙의 모습은 무엇일까요? 저는 교회 안에 머무는 신앙이 앞으로 나아가지 못하고 과거에 갇힌 신앙이라고 생각합니다. 항간에 떠도는 우스운 이야기 중에 뼈 있는 말이 있습니다. 마귀가 큰 교회 문간에 서서 들어오는 교인들에게 말한답니다. "어서 와. 여기서 영원히 즐겁게 살아. 절대 교회 밖으로 나오지 마."

무슨 얘기입니까? 교회가 주는 만족에 취하라는 얘기입니다. 하나님 나라를 세우는 일에 나서지 말라는 얘기입니다.

오래전에 저는 어느 교회에서 성경공부를 진행한 적이 있습니다. 한 권사님이 말하기를, 어느 교회 장로님들은 헌금을 많이 내서 교회도 건축하고 부흥하는데, 우리 교회 장로님들은 돈이 많아도 헌금을 하지 않아 부흥도 되지 않고 건축도 할 수 없다고 했습니다. 제 생각에 헌금을 많이 내지 않는다는 장로가 당시 기업을 경영하던 전 사장님인 것 같았습니다. 제가 전 사장님을 잘 압니다. 일본에서 공부하는 학생들이 형편이 어려워 등록금을 못 내면 전 사장님이 등록금을 대신 내주고 공부를 마치도록 도와주었습니다. 그분 입장에서는 교회에 헌금을 내는 것보다 우리 학생들이 외국에서 덜 힘들게 공부할 수 있도록 도와주는 것이 더 중요했을 것입니다.

그분의 동생이 캐나다에 이민을 갔습니다. 저를 보더니 한국에 있을 때는 애국심을 몰랐는데 캐나다에 와서 살면서 여러 혜택을 받고 보니 캐나다 정부에 대한 애국심이 솟구쳐 오른다고 했습니다. 이분이 LA에 있는 딸네 집에 갔다가 심장병이 생겨서 치료를 받을 상황이 되었습니다. 치료비 때문에 걱정을 하다 알아보니 캐나다 시민이 미국에서 치료받으면 캐나다 정부가 전부 지불한다는 말을 듣고 2주 동안 치료를 받았습니다. 캐나다 시민권자들은 미국이나 일본 어디든 여행하다 병이 생기면 치료를 받습니다. 그분은 국가가 시민에게 잘해 주니까 애국심이 생긴다고 했습니다. 또한 캐나다에서 살아 보니까 교회에 헌금하는 것보다 나라에 세금 내야겠다는 생각이 들더라고 했습니다. 나라에 세금을 내야 가난하고 병든 사람들을 위해 더 잘 쓸 수 있을 것 아니냐고 했습니다.

미국에 사는 친구 교수는 맞벌이 부부입니다. 그런데 부인이 버는 돈의 대부분은 세금으로 나갑니다. 한번은 저녁을 먹다 제가 부인한테 자녀도 없고 남편 봉급으로도 충분히 먹고살 만한데 왜 일하느냐고 물었습니다. 부인은 대학 교육까지 받은 사람이 사회를 위해 일하는 것이 당연하지 않겠느냐면서 교회에 헌금 내는 것보다 나라에 세금 내는 것이 불우한 이웃을 위해 더 잘 사용되는 길이라고 말했습니다.

하지만 제가 이런 얘기를 하면 목사님들은 수긍하지 않습니다. 교회에 내는 헌금을 나라에 내는 세금과 비교하면 안 된다고 말합니다. 하지만 세금을 더 많이 내야 한다는 것은 기독교 정신입니다. 헌금을 꼭 내야 한다는 것은 교회 교리입니다. 어느 것을 선택하느냐의 문제입니다. 교회에 헌금하지 않고 교회 밖의 일에 기부한 것은 문제가 아닙니다.

사회 경제가 무너지면 안 됩니다. 사회 경제를 올바로 세워야 합니다. 사회 경제가 든든히 서야 서민의 삶이 보장됩니다. 기독교 정신이 사회를 이끌어 가야지 교회가 운영하는 것만 칭찬해선 안 됩니다. 교회 헌금이 너무 많이 들어오면 어디에 쓸지 잘 모릅니다.

한번은 어느 큰 교회에 강연을 하러 갔다가 그 교회 부목사님이 요즘 자기네 교회가 추진하는 사업이 있는데 바로 공동묘지

조성 사업이라는 말을 들었습니다. 대한민국에서 가장 아름답고 보기 좋은 공동묘지를 만든다는 것입니다. 계획안을 보니 그대로 짓는다면 좋을 것 같다는 생각은 들었습니다. 하지만 저라면 그런 사업은 생각도 하지 않을 것입니다. 예수님은 "죽은 자들의 장례는 죽은 자들에게 맡겨두고 너는 가서 하나님 나라의 소식을 전하여라"(눅 9:60)고 하셨습니다. 그것은 바로 교회가 할 일이 있고 하지 말아야 할 일이 있다는 의미입니다.

우리 교회가 지금 무엇을 할 것인가를 생각해야 합니다. 어떤 교회는 돈이 너무 많아서 신문사도 짓고 대학도 짓더니 담임목사의 아들은 신문사 사장이 되고 아내는 대학의 총장이 되어 교회 돈을 사유화하고 있습니다. 신문사를 차리고 대학을 세우는 것은 문제가 되지 않습니다. 그곳이 하나님의 뜻에 어긋나지 않고 세상의 다른 곳보다 더 뛰어나면 됩니다. 그러나 그렇지 않다면 다른 사람에게 맡겨야 합니다. 더 일을 잘할 사람에게 맡길 줄 알아야 합니다.

인촌 김성수 선생은 일제강점기 민족 자본으로 〈동아일보〉를 창간했으나 신문사 사장은 친구 송진우에게 맡겼습니다. 재정난으로 위기에 처한 중앙고등학교를 인수한 뒤 건물을 보충하고 교사를 채용하는 등 모든 준비 단계를 직접 챙기고는 운영권은 다른 사람에게 맡겼습니다. 우리나라 최초로 민간인이 세운 대학인 고려대학도 인촌 선생이 설립했으나 총장직은 교육자인 현상윤에게 맡겼습니다. 자신이 주도해서 창간하고 설립한 신문사와 학교를 다른 사람에게 맡긴 이유는 하나였습니다. 그들이 자신보다 그 일에 더 적합하기 때문이라는 것입니다. 그런데 그는 당시 크리스천이 아니었습니다. 애국심의 발로로 그렇게 할 수 있었습니다.

민족을 사랑하는 마음을 가진 사람이 교회가 목적이라고 하는 크리스천보다 앞선다고 생각합니다. 제가 만난 사람들 대부분이 그렇습니다. 도산 안창호 선생과 조만식 선생은 신앙의 수준도 높았지만 나라와 민족을 사랑하는 마음이 특별했습니다. 크리스천이 자기 교회만 챙기고 사랑한다면 낮은 수준의 신앙밖에 가질 수 없습니다. 인격이 높은 사람이 높은 신앙을 가지게 되어 있고, 민족과 국가를 걱정하는 사람이 예수님과 같은 신앙을 가지게 되어 있습니다.

우리는 과거로 돌아가지 말고 앞으로 나아가는 신앙을 가져야 합니다. 우리는 성경을 좀 더 올바르게 이해해야 합니다. 저는 여러 성경 가운데 제일 마음에 맞는 것이 개신교 신학자들과 천주교 신학자들이 함께 만든 공동번역입니다. 저는 공동번역이 가장 정확하고 좋다고 봅니다.

성경을 읽을 땐 올바로 읽어야 합니다. 요한계시록은 묵시문학으로, 하나님의 뜻이 담겨 있지만 한마디 한마디가 우리에게 무슨 의미가 있는 건 아닙니다. 욥기도 문제가 됩니다. 구약에 포함하느냐 빼느냐로 논쟁도 많았습니다. 구약에 대해서도 여러 번 이야기했지만, 전 아무리 읽어봐도 사복음서보다 뛰어난 메시지를 찾지 못했습니다. 제가 택하는 본문은 전부 사복음서입니다. 사복음이 중심이기 때문입니다. 사도들의 편지도 한마디 한마디가 다 의미가 있는 건 아닙니다. 오늘날의 상황과 맞지 않는 가르침도 많으므로 그런 편지를 쓰게 된 당시의 전후 사정을 이해할 필요가 있습니다.

기독교 진리는 창조의 진리가 있고, 다시 이루어질 하늘나라를 위한 진리가 있습니다. 그 중심이 되는 것이 예수님입니다. 예수님을 중심으로 해서 과거를 버리고 미래로 가야 합니다. 그것이 기독교입니다. 그런데 예수님이 돌아가시고 2천 년이 지났는데 지금도 교회에서 설교하는 것을 가만 들어 보면 자꾸 과거로 돌아갑니다. 설교 내용이 역사와 역행하는 때가 많습니다. 왜 그렇게 됐을까요? 미래로 갈 자신이 없기 때문이라고 생각합니다. 하나님 나라를 위해 무엇을 해야 할지 모르는 것입니다.

흘려보내야
성장한다

저의 책《어떻게 믿을 것인가》를 읽고 신앙을 바로 가지고 자유로워졌다는 사람이 많습니다. 그런 말을 들을 때마다 교회의 가르침이 불필요한 데 매여 있는 것이 아닌가 해서 안타깝습니다.

먼저, 교회가 과거가 아닌 미래로 나아가려면 교회가 전부라는 생각을 버려야 합니다. 교회는 하나님 나라를 세우기 위해 나라와 민족을 책임지는 자리에 있는 것이지 그 자체가 하나님 나라가 아닙니다. 물론 교회는 권위가 있어야 합니다. 하지만 권위주의에 빠지면 죄악이 됩니다. 교회는 있어야 하지만 교회가 전부요 목적이 되면 교회주의에 빠집니다. 과거에 천주교가 교회주의에 빠졌습니다. 그러면 어떻게 해야 합니까? 진리를 교리로 바꾸면 하나님 나라는 이루어지지 못합니다. 교리가 진리로 바뀌어야 합니다.

제가 요즘 강연하러 가서 자주 하는 이야기인데, 나이 60세가 넘은 사람들이 성장하려면 자신을 정신적으로 자꾸 키워야 한다는 것입니다. 80~90세까지 꾸준히 키워가야 합니다. 마치 콩나물에 물을 주는 것과 같습니다. 콩나물은 매일 일정량의 물을 흘려보내야 쑥쑥 자랍니다. 신앙도, 지식도, 인격도 그렇습니다. 항상 새로운 것을 받아들여서 흘려보내는 동안 내가 자라고 성장하게 돼 있습니다. 그런데 받아들이기만 하면 되는 줄 알고 콩나물을 물에 담가 놓으면 썩고 맙니다. 흘려보내지 않기 때문입니다.

교회가 2천 년 전에 예수님이 말씀하신 본질을 보지 못하고 그 상황을 그대로 지키려고 합니다. 2천 년의 역사가 흘러오는 동안 예수님이 원하시는 것과 무엇이 달라졌습니까? 이젠 달라져야 합니다. 오늘날 교회의 위기는 '가나안 성도' 현상에서 현실로 드러났습니다. 가나안 성도란 '교회에 안 나가는 성도'를 말합니다. '가나안'을 거꾸로 읽으면 '안 나가'라는 말이 된다는 것에서 나온 말이라고 합니다.

교회가 자신의 우산 안에 사람들을 가두려고만 하니까 사람들이 답답해서 뛰쳐나가는 것입니다. 목사님 말씀 들었으면 그 말씀 가지고 세상에 나가서 살아야 하는데, 교회 안에만 머무르려고 합니다. 그래서는 안 됩니다. 옛날엔 교회가 사람을 키웠으나 이제는 우산 안에 가두어 놓으려 합니다. 그 결과 가나안 교인이 자꾸 생깁니다. 지금 유럽에선 교회가 거의 필요 없어지고 말았습니다. 그 사람들이 신앙이 없다고 생각하면 안 됩니다. 교회 안 나가지만 예수님의 말씀, 기독교 정신을 가지고 삽니다. 그런 사람들은 교회에 헌금하는 것보다 세금을 내는 것이 기독교 정신이라고 말합니다.

둘째, 교회가 사회를 위해 있는 것이지, 사회가 교회를 위해 있는 것이 아닙니다. 그런데 지금 우리는 어떻게 삽니까? 내가 교회에 가고 교회가 나를 축복합니다. 우리 가정이 교회와 더불어 있고 교회와 내가 더불어 있는데 그래서는 안 됩니다. 교회를 통해서 사회에 봉사해야 합니다. 내가 교회로부터 받은 복은 복이 아닙니다. 교회를 통해서 하나님 나라를 이루면 그때 하나님 나라의 한 시민으로서 복 받게 돼 있습니다. 사회를 걱정하는 교회, 하나님 나라를 책임지는 교회가 되어야 합니다.

저는 크리스천 인재를 키우는 교회가 성공한 교회라 생각합니다. 김재준 목사님이 시무한 경동교회는 외적으로 크게 성장하진 못했지만 우리 사회에 필요한 크리스천 인재를 키웠습니다. 구름 떼 같이 사람이 많이 모였다고 해서 교회가 아닙니다. 사회에 하나님 나라를 세우는 책임을 감당하는 교회가 진짜 교회입니다.

〈미주 한국일보〉의 정숙희 기자는 그의 책 《그들은 왜 교회를 떠났을까?》에서 교회중심주의에 빠진 한국교회의 모습을 고발했습니다. 그는 한국교회의 실태를 알아보러 몇 군데 돌아보았는데 어느 대형 교회 목사님이 2004년 인도네시아를 강타한 쓰나미를 논평하기를 인도네시아가 기독교 국가가 아니라서 그런 대재앙을 겪게 되었다고 말하더랍니다. 그런데 더 놀라운 것은 교인들이 말도 안 되는 목사의 설교를 그대로 듣고 있더라는 것입니다. 하나님을 모르는 세상 사람들도 남의 불행에 대해 그렇게 악담하지 않습니다. 기자는 사람들이 교회를 떠나는 이유가 여기서 분명해진다고 진단했습니다.

무지와 편 가르기에서
벗어나야 한다

저의 책《어떻게 믿을 것인가》에도 소개했던 내용인데, 인도에서는 힌두교도들이 죄를 씻기 위해 바라나시강에서 목욕을 합니다. 물통을 가져와 물을 담아가기도 합니다. 죽은 후에는 화장을 하는데 타고남은 재는 갠지스강에 뿌려집니다. 인도인들은 재가 되어 강가에 흘러가면 영생을 누릴 수 있다고 믿기 때문입니다. 그런데 돈이 부족해 나무를 충분히 사지 못한 경우에는 타다남은 시신을 갠지스강에 흘려보냅니다. 시신뿐 아니라 동물의 시체도 떠다니는 그 강에서 목욕을 하고 식수로 쓰기도 하는 탓에 수인성질병에 걸리는 경우도 많고 안질이 걸려 심하면 실명하기도 합니다. 이렇듯 무지는 죄입니다.

교회의 무지는 죄입니다. 사회적으로 깨인 사람들은 교회가 무지하다고 생각하기 때문에 교회에 안 가는 것입니다.

오래전의 일입니다. 영도 바닷가에 있는 커피숍에 앉아서 바다를 바라보고 있는데 제 뒤에 있던 젊은 대학생들이 열심히 토론하고 있었습니다. 가만 들어보니 종교에 대한 토론이었습니다.

한 사람이 다른 사람에게 "그래, 약속했던 대로 두 달 동안 교회에 가봤어?" 하고 묻자 "가봤어" 합니다. "불교를 버리고 기독교를 선택하게 되었니?"라고 물으니 "아니. 못했어"라고 대답합니다. 그 사람은 불교 가정에서 자랐습니다. 불공드리면 극락세계 간다는 말이 우스워서 불교를 버리고 교회에 갔는데 두어 달 다니다 말았습니다. 이유인즉 헌금하고 열심히 교회생활하면 천국 간다는 말이 어처구니가 없어서랍니다. 사회에 대해 책임도 지지 않고, 교회에 와서 놀면서도 천국에 가겠다니 그런 종교가 어디 있느냐는 것입니다.

저는 열네 살 때 인격적으로 주님을 만났습니다. 크리스마스 때 두 목사님의 설교를 듣고 '신앙이 이런 것이로구나' 깨닫고는 열심히 교회에 나갔습니다. 중학교 4학년까지 평양의 유명한 교회를 두루 다녀봤는데 목사님들 설교가 다 똑같았습니다. 10년이 지나도 꼭 같을 것 같았습니다. 그런데 성경을 읽어보면 설교와 달랐습니다. 철학자들이 성경을 어떻게 읽었는가 하고 보니 우리와 수준이 달랐습니다. 또 철학자들이 발견한 예수님 말씀과 목사님의 설교가 달랐습니다. 철학자들은 역사와 사회의 방향을 제시하는데 목사님들 설교는 그렇지 못했습니다.

우리는 성경을 바로 이해해야 합니다. 제 지인 중에 사회운동을 하는 사람이 있습니다. 그 친구는 신앙이 없다가 천주교회를 다니게 됐습니다. 천주교회는 입교할 때 교리 공부를 하는데 궁금한 게 있다고 제게 물어보았습니다.

"선생님, 우리 신부님이 성경을 가르쳐주는데 이상한 점이 있어서요. 가인이 자기 동생 아벨을 죽이잖아요. 하나님이 가인에게 벌을 내리지만 그의 목숨은 지켜주겠다고 약속하셔서 다른 사람들이 그를 죽이지 못하게 했잖습니까? 그런데 그 당시에는 아담과 하와와 가인밖에 사람이 없었는데 왜 가인이 다른 사람에게 맞아죽을 걱정을 합니까? 그렇다면 다른 사람들도 있는 것 아닙니까? 그래서 그것을 질문했더니 신부님이 뭐라고 대답하셨는지 아십니까? 종교는 그냥 믿는 거지 물어보는 게 아니래요. 선생님이 가르쳐 주시겠습니까?"

저는 그에게 이렇게 대답했습니다.

"모든 민족에겐 신화가 있습니다. 우리에게도 단군 신화가 있지요. 가인 이야기는 우리 기독교가 가진 신화입니다. 아브라함 때부터 역사가 시작되었고 그 이전은 신화입니다. 중요한 건 인간은 동물로부터 태어난 게 아니고 하나님께 지음받았다는 점입니다. 그러나 교리를 강조하다보면 이야기가 자꾸 그렇게 됩니다."

기독교는 '무지의 죄'에 빠지면 안 됩니다. 모든 점에서 앞서야 합니다.

기독교가 가지고 있는 또 하나의 문제는 편 가르기입니다. 편 가르기는 작은 사회나 큰 사회 모두를 병들게 합니다. 우리 기독교가 해서는 안 되는 일입니다. 그런데 역사를 보면 편 가르기를 제일 많이 하는 게 종교입니다.

교육과 의료사업을 아주 크게 벌여 사회적으로 무척 존경받던 분이 있었습니다. 그분이 나이가 들자 후계자 교육을 받은 아들이 미국에서 돌아왔습니다. 그런데 이상하게도 나이 많은 사람들은 아버지 편이 되었고, 젊은 사람들은 아들 편이 되어 한 조직이 둘로 갈라졌습니다. 몇 해 지나자 둘 사이에 갈등이 생겼고 고민을 하던 아버지는 아들을 다시 미국으로 보내고 제3자를 선임해 운영을 맡겼습니다.

교회는 미래를 향해 나아가야 합니다. 또한 우리끼리 잘해보자는 좁은 신앙이 아니라 모든 사람을 아우르는 폭넓은 신앙으로 나아가야 합니다. 이건 되고 저건 안 된다면서 내 편 네 편 만들고 교리 논쟁에 힘을 빼고 결국 싸우고 갈라지는 기독교는 희망이 없습니다. 가톨릭과 개신교가 싸우고, 개신교 안에서 여러 교파로 나뉘어 또 싸우고, 개교회 안에서도 네 편 내 편으로 갈라져 싸우는 행동은 이제 그만 멈춰야 합니다.

예수님을 출발점으로 미래를 향해 나아가야 한다

신앙은 선택입니다. 그 선택 가운데 가장 중요한 첫 번째는 바로 예수님을 출발점으로 삼아서 하나님 나라를 건설하고 앞으로 나아가는 것입니다. 그것을 못하면 기독교는 사회의 희망이 될 수 없습니다.

두 번째는 가장 넓은 사회를 지향하는 것입니다. 그것이 역사의 길입니다. 기독교는 모든 사람과 더불어 살면서 이루어지는 것이지 '넌 아니다. 넌 지옥 갈 사람이다. 너는 우리와 반대편에 있기 때문에 안 된다'며 편 가르기 해선 안 됩니다. 기독교는 사람들을 편 가르기 하는 종교가 아닙니다.

앞에서도 이야기했듯이, 부모로서 가장 마음이 아픈 때는 형제끼리 싸울 때입니다. 형제들이 싸우는 걸 보면 부모가 무슨 죄를 지었기에 저렇게 싸우나 하며 자책감이 듭니다.

개신교와 천주교가 몇 백 년을 싸워 왔습니다. 저는 기독교를 받아들일 때부터 이건 아니라고 봤습니다. 저는 천주교와 개신교를 둘로 보지 않습니다. 한 기독교 나무에서 나온 두 가지이지 그 뿌리가 서로 다르지 않습니다. 서로 몇 백 년 동안 싸우다가 가톨릭의 프란치스코 교황과 동방 정교회의 바르톨로메오스 1세가 만났습니다. 로마 가톨릭의 지도자가 동방 정교회의 지도자를 만난 일을 두고 수백 년에 걸친 갈등을 해결하는 데 기여한 큰일이라고 했습니다. 저는 몇 백 년 동안 헤어져 있는 게 잘못이지 큰일은 아니라고 생각합니다. 형제가 싸우다가도 만나면 싸운 게 잘못이지 만난 게 큰일은 아니거든요. 우리 교회가 너무 편 가르기를 많이 하는데 그건 옳지 않습니다.

우리는 예수님을 출발점으로 해서 하나님 나라를 위해 미래를 봐야 합니다. 교회는 하나님 나라를 위해 필요한 기관이지 교회 자체가 목적이 아닙니다. 교회는 하나님 나라의 일꾼을 키워야 합니다.

제 지인이 자신이 감명 깊게 읽었다며 한 칼럼을 보내 주었습니다. 볼티모어의 한 목사님의 고백입니다. 이 목사님이 LA로 여행을 갔다가 돌아오는 길에 비행기 안에서 워싱턴 D.C. 상공을 내려다보았습니다. 국회의사당, 백악관, 국방성 등이 보였습니다. 볼티모어는 워싱턴 옆에 있는 작은 도시입니다. 그래서 볼티모어엔 무엇이 보이는지 살펴보았습니다. 대학병원, 백화점 등이 보였습니다. 자기 교회는 어디 있는가 찾아보았는데 너무 작아 보이지도 않았습니다. 목사님이 비행기에서 내려 차를 타고 가는 중에 기도를 드렸답니다.

"하나님, 저는 지금까지 큰 교회를 짓고 싶었고 하늘에서도 볼 수 있는 예배당을 지었으면 좋겠다는 꿈을 가지고 있었는데 올바른 생각이 아니었음을 깨달았습니다. 우리 교회는 보이지 않는 것이 좋습니다. 작아도 좋습니다. 그런데 우리 교회에서 배출된 사람들이 백악관에 가서 일하고 국방성에 가서 일하고 의사가 되어 큰 병원에 가서 일했으면 좋겠습니다. 주님의 뜻을 가진 모든 사람들이 밖에 나가서 일하도록 돕는 교회가 될 수 있다면 우리 교회는 작아도 좋습니다. 많은 제자들을 심는 교회가 되길 기도합니다."

저는 교회가 이렇게 되어야 한다고 생각합니다. 그러기 위해서는 우리가 바꿔야 할 큰 조건이 하나 있는데 바로 정의를 넘어서 사랑을 선택하는 것입니다. 공산주의가 가지고 있는 제일 큰 불행은 사랑을 거부하는 데 있습니다. 공산주의 세계는 정의만 필요하지 사랑이 필요하지 않습니다. 그것이 공산주의의 종말을 가져왔습니다.

예수님이 이에 대해 가장 적절하게 말씀하신 것이 바로 포도원 주인의 비유입니다. 주인은 먼저 온 사람이나 나중에 온 사람이나 똑같이 임금을 주었습니다. 먼저 온 일꾼이 불평하며 항의하자 주인은 "내가 너와 약속한 돈을 주는데 잘못된 것이 없지 않느냐. 늦게 온 저 사람들이 빈손으로 가게 되면 가족이 전부 굶어야 한다. 내가 베풀 수 있기 때문에 사랑을 베풀었다. 그것을 잘못이라고 할 수 없지 않느냐" 했습니다.

정의에는 한계가 있습니다. 정의의 한계를 넘어 사랑을 베풀 수 있어야 합니다. 그것이 종교가 존재해야 하는 이유이고 의미입니다. 기독교가 그것을 제도화하고 사회문제화해야 합니다.

마지막으로, 기독교는 영원히 새로운 진리입니다. 교리가 아닙니다. 역사를 이끌어 갈 수 있는 원동력이 돼야 합니다. 전 세계 인류가 함께 살 수 있는 폭넓은 가치관을 사회에 심어 줄 수 있는 것이 바로 기독교입니다.

세상 사람들이 이상 국가가 언제 이루어지느냐 묻는다면 바로 우리를 통해서 예수님의 말씀이 실현되는 때라고 대답할 수 있습니다. 교회가 맡겨진 사회적 책임을 충실히 감당하여 이 땅의 희망이 되기를 바랍니다.

6

인격이
아름다워지고 있는가

성경 안에 있는 하나님의 뜻을 발견하는 것이 중요하다

우리는 구약을 믿고 또 구약의 말씀을 신앙의 전통으로 삼아 왔습니다. 역사적으로 구약의 의미를 파악해 보는 게 좋을 것 같습니다. 구약은 '창세기, 출애굽기, 레위기…' 이렇게 시작합니다. 창세기 가운데 아담부터 아브라함이 등장하기 전까지의 내용이 역사의 기록인가, 아니면 신화에 속하는 것인가를 두고 많은 논의가 오갔습니다.

지금으로부터 60년쯤 전인 것 같습니다. 정말 오래전이지요. 그 당시에 장로교와 감리교 목사님들이 협력해서 기독교 학교에서 사용할 성경 교과서를 만들게 되었습니다. 나는 목사는 아니지만 동참해 달라는 부탁을 받아 참여했는데 제가 조금 이상한 것을 느꼈습니다.

장로교는 감리교보다 좀 더 교리적입니다. 성경말씀 그대로 믿어야 한다고 하는 편입니다. 장로교의 신학자들은 창세기에서 아브라함 이전 이야기는 역사의 기록이 아닌 신화이므로 빼는 것이 좋겠다고 했습니다. 그런데 오히려 교리에 좀 더 자유로운 감리교 목사님들이 역사적 사실로 기록해야 한다고 했습니다. 저더러 제3자의 입장에서 어떻게 생각하느냐고 묻기에, 신화냐 역사냐를 판단하기보다는, 다만 기록한 뜻을 받아들이면 역사적 사실과도 통하고, 또 역사적 사실 여부를 따진 후 신화로 봐도 괜찮으니 어느 편이든 좋겠다고 했습니다. 그때 감리교 목사님들의 주장이 관철되어 창세기를 역사적 사실로 표현했습니다.

그런데 지금은 아담에서부터 노아홍수까지의 이야기를 역사적 사실이라고 보는 사람이 별로 없습니다. 이스라엘 사람들이 믿어 왔던 신앙의 의미가 상징적으로 남아 있는 것이지 그것을 역사적 사실이라고 보면 현대인들은 받아들이기 어려울 것입니다. 성경을 받아들일 땐 사건 속에 들어 있는 하나님의 뜻을 발견하는 것이 중요합니다. 이때 주의해야 할 것은 신화 속에 역사가 들어 있고, 역사 속에 신화의 정신이 들어 있다는 것입니다. 이것이 중요한 문제입니다.

예를 들어, 그리스 신화는 신화이고, 그리스 역사는 말 그대로 역사이지요. 그런데 신화와 역사가 연결되는 지점이 있는데 어느 때는 신화로, 어느 때는 역사로 귀결됩니다. 신화를 연구하다 역사가들이 역사일 가능성을 염두에 두고 고적을 탐사해 유물을 발견하는 경우도 있습니다. 이때 역사와 신화가 연결되는 지점을 확인하게 되는 것입니다. 노아 방주 이야기도 그렇게 보면 좋을 것 같습니다.

노아 홍수 시대에는 전 세계가 홍수 문제로 고난을 겪었다는 홍수 신화가 존재합니다. 성경의 노아 방주 이야기를 사실 그대로 받아들이기 어려워도 홍수 때문에 온 인류가 고민하던 때가 있었구나 하고 받아들이면 역사적 사실로 연결됩니다.

또 성경에는 상징적인 문학작품이 많이 있습니다. 시편은 매우 신앙적인 작품입니다. 중국의 시편은《시경》이라 할 수 있습니다.《시경》은 공자님 이전 시대의 글로서 하나의 노래이자 문학작품입니다. 잠언도 그렇습니다. 잠언에서 우리는 인생의 지혜를 많이 얻습니다.

또한 상징적인 이야기들이 많이 나오는 성경도 있습니다. 요나서가 그렇습니다. 요나서가 역사적 사실이냐 아니면 상징적인 작품이냐 의견이 나뉘는데, 저는 욥기나 요나서를 문학작품이라 생각합니다. 하지만 문학작품이라 해도 그 안에는 하나님의 뜻이 있다고 봅니다. 예수님도 하나님의 뜻을 청중이 알아듣기 쉽도록 비유를 사용해서 말씀을 전하셨습니다.

구약의 역사적 특징은 무엇인가

이스라엘 역사는 아브라함에서 시작합니다. 이삭과 야곱을 지나 모세 이야기로 구약 이야기가 진행됩니다. 모세까지는 씨족 신앙입니다. 김 씨네 집안이라든지 박 씨네 집안이라든지 하는 씨족 신앙입니다. 이집트에서 노예로 살던 이스라엘은 점차 씨족이 확장되면서 부족 신앙이 되었습니다. 부족 신앙은 기복 신앙입니다. 복 받는 것이 종교라고 생각합니다. 그리고 이때는 하나님과 인간이 직접 대화를 합니다. 내가 하나님께 묻고 하나님이 나에게 답해 주시고 약속해 주십니다. 또 부족 신앙인 동시에 하나님과 연결되는 개인 신앙이 됩니다. 아브라함도, 이삭도, 야곱도 하나님과 개인적으로 연결되는 신앙을 가지고 있었습니다. 이집트에서 나오기 시작하면서부터 부족 신앙이 민족 신앙으로 발전합니다. 민족 신앙은 국가 형태와 더불어 발전하기 때문에 국가를 중심으로 한 신앙이 됩니다. 민족 신앙의 리더가 모세입니다.

민족 신앙에는 규범이 필요합니다. 바로 계명과 율법입니다. 하나님이 이스라엘 민족을 위해 내려주신 계명과 율법이 민족 신앙의 중심이 됩니다. 그러다가 사울왕 때 종교와 정치가 분리됩니다. 사울왕 때부터 왕은 정치를 하고 선지자가 종교를 맡아 그 왕을 가르치고 민족을 정신적으로 지도합니다. 그 후 솔로몬왕 때는 정치가 더 발달합니다. 정치의 수준이 더 높아져도 계명과 율법은 지니고 삽니다. 그 계명 가운데 가장 소중한 것이 십계명입니다. 민족 신앙은 하나님의 뜻대로 하면 복 받고 하나님의 뜻에서 어긋나면 벌을 받는 신앙입니다. 그래서 십계명을 잘 따르면 복 받고, 따르지 않으면 벌 받는 역사가 계속되는데 민족 신앙은 사회적으로 말하면 폐쇄적인 민족주의가 됩니다.

그러다 이스라엘 왕국이 무너집니다. 아브라함의 후손들이 나라를 잃어버리는데 예수님이 오시기 전 400년 동안은 병들어서 나라 구실도, 신앙 구실도 못했습니다. 이스라엘은 민족을 위한 새로운 지도자, 즉 아브라함이나 모세, 다윗 같은 새로운 지도자를 보내 주실 것이라는 약속을 믿고 기다렸습니다.

예수님이 오셔서 그 약속이 이루어졌다고 보는 것이 우리 기독교요, 아직 그 약속이 이루어지지 않았다고 믿는 것이 유대교입니다. 그리고 그 약속을 이루어 준 분이 마호메트라고 믿는 종교가 이슬람교입니다.

유일한 하나님이 인간과 관계를 맺는 신앙

구약의 역사를 간략하게 살펴보았는데, 구약은 그 당시 역사적 상황 속에서의 신앙이기 때문에 지금에 적용하려면 그 뜻을 잘 가려야 합니다. 구약에 나타나는 몇 가지 특징이 있습니다.

첫째, 세계 역사 가운데 유일신을 믿는 유일한 신앙이라는 점입니다. 그래서 구약은 유일신 신앙을 받아들이느냐 받아들이지 않느냐에 따라 해석이 달라집니다. 유일신을 믿는 신앙이 우리 기독교가 구약으로부터 이어받은 가장 큰 뜻입니다. 구약에서 씨족, 부족 신앙을 믿을 때는 복 받기 위한 신앙이었지만 예수님이 오신 후로 기복 신앙은 허락되지 않습니다. 기복 신앙은 샤머니즘에나 있는 것이기에 유일신을 믿는 신앙인은 받아들여서는 안 됩니다.

둘째, 하나님께서 인간과 관계를 맺으신다는 점입니다. 하나님과 인간의 관계를 어떻게 받아들이는가에 따라 구약시대의 신앙을 해석하는 입장도 달라집니다. 민족 신앙에서의 하나님은 그 민족만을 위한 하나님입니다. 이스라엘의 역사적 사실을 민족의 입장에서 해석하니 왜곡하는 경우도 생깁니다. 그런데 그 당시에는 그렇게 해석할 수밖에 없는 이유가 있었습니다. 예를 들어 다윗왕이 하나님의 뜻을 따르지 않고 인구조사를 해서 벌을 받았다는 기록과, 하나님께서 다윗이 사탄의 꾐에 빠지도록 해서 인구조사를 했다는 두 가지 기록이 있습니다. 그런데 인구조사는 나라를 잘 다스리기 위해 충분히 할 수 있는 일입니다. 다윗의 노년에 왕국에 위기가 온 것이 인구조사를 했기 때문에 벌을 받은 것이라는 주장은 어떻게 보면 뒤집어씌운 것이라고 할 수도 있습니다. 이처럼 성경을 읽다 보면 우리가 이해하기 어려운 내용이 많이 있습니다.

산타클로스를 믿는 어린아이들이 많은데 그것이 어린이 잘못이라고 할 수 있습니까? 어른이 "너 아직도 산타클로스를 믿니? 산타클로스는 없어. 그건 거짓이야"라고 해야 합니까, 아니면 자기가 산타클로스가 되어서 가난한 사람을 도와주고 형편이 어려운 어린이들에게 선물을 갖다 주는 게 좋습니까?

사실이 아닌 것을 믿는지 여부를 따지는 게 신앙이 아닙니다. 상징적인 은총의 의미를 받아들여야 합니다. 구약의 역사는 예수님 오시기 400년 전에 끊어지고 남은 것은 전통적인 형식밖에 없었습니다. 예수님이 승천하신 후로도 이스라엘은 2천 년 동안 나라 없이 디아스포라로 살았습니다. 다윗왕과 솔로몬왕 때에는 그렇게 축복받은 민족이 없었는데, 나라를 잃고 2천 년 동안에는 그렇게 버림받은 민족도 없었습니다.

사실 구약만 믿는다면 기독교가 아닙니다. 우리가 확실히 알아야 하는데, 신약이 없으면 기독교는 없습니다. 우리가 구약을 많이 받아들이는 것은 예수님의 뜻을 가볍게 보기 때문입니다. 예수님의 뜻과 어긋나는 것이 구약에 많이 있지 않습니까?

로마가 세계를 통치하게 되었을 때 구약은 없어졌습니다. 그러다가 예수님이 오셔서 신약을 받아들이게 되었습니다. 그런데 우리가 구약으로부터 받아들이는 것이 있습니다. 바로 인격적인 유일신은 하나님밖에 없다는 신앙입니다. 6천 년 넘는 긴 인류 역사 가운데 유일한 하나님이 계시고, 그 하나님이 우리 인간과 더불어 관계를 맺는다는 신앙을 받아들인 건 구약밖에 없습니다. 구약에서 제일 중요한 것은 하나님이 우리와 더불어 계셔서 모든 역사와 사회를 주관하고 계신다는 것입니다. 내 인생도 하나님과 연결되어 있습니다. 이것이 구약의 의미입니다.

그래서 저는 유일신을 믿지 않는 종교는 진정한 의미에서 종교적 가치가 없다고 봅니다. 그렇지 않은 종교는 역사가 흐른 뒤다 없어집니다. 인도는 종교국가이기 때문에 많은 신들을 믿었습니다. 하지만 지금은 철학만 남아 있지 종교는 없습니다. 또 그리스 시대부터 로마 시대까지 신화의 영향으로 많은 종교적 대상과 신상들이 있었는데 이젠 그 신화를 믿는 사람은 없습니다.

오늘날 우리 역사에서 남아 있는 신앙은 기독교와 이슬람교와 유대교 셋입니다. 이것이 신을 믿는 종교입니다. 그럼 신을 믿지 않는 종교는 어떻게 됩니까? 결국은 철학적인 신앙을 탐구하든가, 도덕과 윤리적인 종교로 머물든가 둘로 나뉩니다.

기적과
바른 신앙

구약의 사건들에는 공통점이 하나 있습니다. 하나님의 뜻이 인간에게 이루어지는 것이, 인간의 입장에서 볼 때는 기적으로 여겨진다는 것입니다.

이단 교주들은 하나님께 직접 계시를 받았다고 하면서 성경 외의 말씀이 자신에게 임했다고 주장합니다. 하나님의 뜻이라고 이야기하지만 자기 뜻이지 하나님의 뜻은 아닙니다. 그들은 말씀을 자의적으로 해석합니다. 이들의 특징은 자신이 기적을 행하면 진짜이고 그렇지 않으면 가짜라는 식으로 말하며 실제로 병을 고치고 예언을 하고 이적을 행합니다.

구약과 신약 시대에도 기적을 하나님께서 그들에게 보여주는 증거라고 생각했습니다. 기적을 행하지 못하는 자는 그들과 상관없다고 생각했습니다.

> 유대인들은 기적을 요구하고 헬라인들은 지혜를 찾지만
> 우리는 십자가에 달리신 그리스도를 선포할 따름입니다
> 고전 1:22-23a

사도 바울의 고백이 참으로 놀랍습니다. 과연 그는 당대 최고

의 철학자이며 예수님의 제자입니다. 사도 바울은 당시 유대인들은 기적을 바라고 헬라인은 지혜를 믿는다면서 자신은 이 두 가지를 다 경험한 자로서 거기에 희망이 없음을 안다고 했습니다. 예수님은 고대의 긴 역사가 끝나고 희망을 다 잃어버렸을 때 오셨습니다. 그리스 철학이나 로마의 사상이 황혼기가 된 때였습니다.

구원과 희망은 예수 그리스도의 십자가와 더불어 있습니다. 사도 바울은 앞으로 예수 그리스도의 인격, 예수 그리스도의 인생, 예수 그리스도의 십자가만이 역사의 희망이라고 믿었습니다.

이단이 아니더라도 크리스천 가운데 표적 신앙을 구하는 이들이 많습니다. 기적을 경험해야 진짜 신앙생활이라고 생각하는 사람이 많습니다. 남들이 못하는 것을 해야 신앙이지 남들과 같다면 그게 무슨 신앙이냐고 말합니다. 대표적인 것이 방언인데, 한때 방언이 그 사람의 신앙을 판단하는 기준이 되어서 개교회에서 방언을 강조하기도 했습니다.

오래전 서울 강남의 어느 교회에서 초청해 3일 동안 강연을 한 적이 있는데, 그때 사도 바울의 가르침을 전하면서 방언보다는 방언 통역하기를, 방언 통역보다는 진리를 얻으라고 그 순서를 명백히 가르쳐 주셨는데도 아직도 방언하는 일이 많다고 이야기했습니다.

그 이야기를 한 이유는, 제가 아는 학생도 방언이 신앙생활의 전부인 줄 알고 우쭐대서 몹시 걱정스러웠기 때문입니다. 그런데 다음 날 그 교회 성도 한 분이 "선생님, 우리 교회 목사님은 방언하라고 가르치는데 어제 설교에서 방언에 대해 부정적으로 말씀하시면 우리 교회 성도들이 혼란스러워할 것 같습니다. 그런데 어떤 것이 옳습니까?" 하고 물었습니다. 나중에 알고 보니 그 교회가 병 고치는 은사와 방언의 은사를 강조하는 것으로 유명한 교회였습니다.

예수님은 남이 못하는 특별한 것을 가지고서 신앙이라고 생각하지 말라고 하셨습니다. 예수님은 기적의 표징을 구하는 세대는 악한 세대라고 하셨습니다.

> 악하고 절개 없는 이 세대가 기적을 요구하지만 예언자 요나의 기적밖에는 따로 보여줄 것이 없다 마 12:39

이 문제에 대해 예수님은 우리에게 정확하게 이야기하십니다.

"너희들이 내가 하나님께서 보내 주신 사람이라고 하니까 나에게 기적을 행해라, 표징을 보여 달라고 요구하지만 구약을 읽어보면 표징이 될 만한 건 하나밖에 없다. 요나가 사흘 동안 물고기 배 속에 있다가 니느웨에 가서 회개하라고 선포한 것, 그것 하나밖에 없다."

이것은 상징적인 비유입니다. '요나보다 큰 사람이 여기 있다. 내가 사흘 동안 무덤에 갇혀 있다가 다시 부활하는 것보다 더 큰 기적이 없다. 내 인격과 삶을 보라'는 말입니다.

우리 신앙 가운데 잘못된 부분이 많이 있습니다. 옛날에 계시록 스터디를 한 적이 있습니다. 두세 번 정도 했을 때 한 젊은이가 제게 와서 자기가 계시록의 결정판이라 할 만한 책을 갖고 있다기에 가져오라고 했습니다. 그 학생이 책을 주면서 설명했습니다. 저자인 목사님이 산에 올라가 기도를 하는데 하나님이 불러줄 테니 그대로 받아쓰라고 해서 나온 책이라는 것입니다. 그 목사님이 발표를 할까 말까 망설이고 있는데 어느 육군 대위가 와서 아무개 목사님이시냐고, 하나님이 계시하신 계시록을 기록하시지 않았느냐고 하더랍니다. 그러면서 자기도 계시록을 기록했는데 비교해 보고 같으면 발표하자고 해서 발표한 거라고 했습니다. 그 책을 보니 처음부터 성경과 맞지 않는 데다 더 읽을 가치가 없어 덮었습니다.

그렇게 세월이 지나 신문을 보니 이 목사가 계룡산에 들어가 그 계시록 해석으로 신도를 모았다는 기사가 실려 있었습니다. 교회 잘 다니던 신도들이 가정을 버리고 그 그룹으로 들어가 가정이 파탄나기도 했습니다. 성경을 잘못 받아들이게 되면 그럴듯한 거짓말에 쉽게 속습니다. 거짓말도 성경 말씀과 엮으면 다 속아 넘어갑니다.

특별함이
신앙은 아니다

기독교뿐 아니라 다른 종교에도 방언이 있습니다. 우리 학교 철학과 교수님과 이야기를 하다 방언 이야기가 나왔습니다. 그 교수님은 재래종교에 대한 관심을 가지고 계룡산 등지를 돌아다녀 보았다고 합니다. 거기서 무당들을 만났는데 그들도 방언을 한다고 했습니다. 그 교수님은 기독교는 방언이 없는 줄 알았다가 기독교에도 있다는 이야기를 듣고 놀랐다고 했습니다. 또 제가 방언을 하는 두 사람을 만났는데 한 명은 무슨 뜻인지 모르고 감정이 벅차오르면 방언을 한다고 했고, 또 다른 사람에겐 방언의 유익을 물었더니, 집에 도둑이 들었는데 자기가 방언하는 소리를 듣고 도망갔다고 했습니다.

방언뿐 아니라 많은 교회들이 간증하기를 좋아합니다. 대체로 부흥회를 하면서 간증자를 세우는데 그 내용은 대개 하나님께 받은 개인적인 은총, 인간적인 관점에서 보자면 기적입니다. 저는 이런 현상도 표적 신앙에 경도된 한 예라고 생각합니다.

과거 전국구 깡패로 유명했던 사람이 회심 후 전도사가 되어 하나님이 자신을 변화시켰다고 간증도 하고 부흥회도 하며 전국을 다녔습니다. 사람들은 그가 정말로 깡패 생활을 청산하고 하나님의 사람으로 거듭났다며 열광했습니다. 하지만 그는 얼마 후 일본에서 도둑질하다가 경찰에 붙잡혀 다시 감옥에 갇혔습니다.

우리는 신앙 하면 뭔가 신비롭거나 커다란 변화를 생각하는데, 그건 아닙니다. 인간은 그저 인간일 뿐입니다. 인간이 삶의 목적을 찾는 것이 신앙입니다. 내 삶의 목적이 내 인생과 더불어 끝나지 않고 영원히 남음을 믿는 것입니다.

예수님은 남이 하지 못하는 특별함을 신앙이라고 착각하지 말라고 하셨습니다.

> 심판 날이 오면 니느웨 사람들이 이 세대와 함께 일어나 이 세대를 단죄할 것이다. 그들은 요나의 설교를 듣고 회개했던 것이다. 그러나 여기에는 요나보다 더 큰 사람이 있다
> 눅 11:32

> 심판 날이 오면 남쪽 나라의 여왕이 이 세대 사람들과 함께 일어나 그들을 단죄할 것이다. 그는 솔로몬의 지혜를 배우려고 땅 끝에서 왔던 것이다. 그러나 여기에는 솔로몬보다 더 큰 사람이 있다 눅 11:31

잘못된 신앙을 니느웨 사람들이 와서 심판한다고 했습니다. 그리고 남방 여왕, 즉 솔로몬의 지혜를 들은 그녀가 판단한다고 합니다. 기적을 신앙의 전부라고 믿는 사람들이 알아야 할 것은, 한 인간이 가지고 있는 이성과 양심입니다. 이성과 양심이 그런 신앙을 심판합니다. 우리 크리스천은 주님의 인격을 닮아 가야 합니다. 그러므로 우리의 이성과 양심으로 판단해서 잘못된 신앙을 버리라는 것입니다. 신앙 때문에 가정을 버리고 이웃을 핍박해선 안 됩니다. 아무리 중요하다고 여겨지는 일이라 해도 가정을 깨뜨리고 질서를 무너뜨리고서는 절대 행복할 수 없습니다. 신앙 때문에 부부가 이혼한다는 건 있을 수 없는 일입니다.

제가 혼자 살다보니 가사도우미가 저희 집을 돌보고 있습니다. 지금까지 여러 명의 아주머니가 다녀가셨는데, 그중 크리스천인 아주머니들은 '교회에 가면 복 받는다' '교회 가면 천국 간다'는 말을 철석같이 믿었습니다. 세상 사람들에게 이 아주머니들의 믿음을 얘기하면 어떤 반응을 보일까요? 그들은 아마도 '복 받는데 힘쓰는 건 기복 신앙이다. 양심대로 사는 사람이 복을 받고, 거짓말하는 사람은 버림받는다'고 말할 것입니다.

연세대학교에서는 정월초하루에 교수님들이 모여 신년행사를 합니다. 그 자리에서 모두 "새해 복 많이 받으십시오" 하며 인사합니다. 복 많이 받으라는 덕담은 사실 기복 신앙에서 나온 것입니다. 새해에 행운이 있기를 바라고 기다리는 것은 기독교의 정신이 아닙니다.

인격의 변화가 진짜 복이다

우리에게 중요한 건 '네가 믿은 만큼 인격을 가져라'입니다. 그만큼 이성적이고 양심적인 사람이 되라는 말입니다. 돌아보면 제 인생에서 가장 좋았던 때는 60~75세 즈음이 아닌가 합니다. 50세가 될 때까지 열심히 일하고 사회적으로 박수 받아도 제가 저를 믿는 건 그렇게 쉽지 않았습니다. 60세쯤 되니까 저 자신을 믿게 되었습니다. 제 인생에서 제일 좋았던 나이는 75세 때입니다. 이때쯤 되면 사람들이 저의 양심과 이성을 믿게 됩니다. 그러나 내가 나를 믿고 남이 나를 믿더라도 인생이 완성되는 것은 아닙니다. 여전히 한계가 있는 인간이기 때문입니다.

신앙은 예수님과 함께 거듭나서 인격에 변화가 일어나는 것입니다. 진짜 기적은 바로 그것입니다. 주님께 받을 우리의 복 역시 인격의 변화입니다. 제 경우도 그랬습니다.

중학교 2학년 때부터 6년간, 그리고 대학 예과에서 2년간을 합하면 8년의 세월이 됩니다. 저는 그 동안에 많은 책을 읽었습니다.

그 젊은 세월을 보내면서 저도 모르게 깨달은 바가 있었습니다. 독일의 유명한 철학자였던 쇼펜하우어의 저서와 시인 철학자였던 F. 니체의 책을 통해서 무신론자의 철학과 사상이 어떻다는 것을 깨달았습니다. 니체는 할아버지도 목사였고 아버지도 목사였습니다. 할머니도 목사의 딸이었고 어머니도 그랬습니다. 그런데 니체는 많은 고민을 겪으면서 기독교 신앙을 받아들일 수가 없었습니다.

기독교를 누구보다도 잘 알기 때문에 신앙인이 될 수 없었습니다. 결국은 그가 젊었을 때 심취했던 그리스 사상으로 되돌아갔습니다. 니체의 철학과 사상은 그리스인들의 지혜의 근원이 되는 자연질서의 원천으로 귀의하게 됩니다. 그는 초인(超人) 사상을 주장하기도 했는데, 그것은 인간과 인류의 희망은 무가치한 삶으로 인생과 사회는 물론 역사까지도 쓸모없이 소비해 버리는 다수의 인간보다는 인간다운 인간, 형이상학적인 개념을 초월한 가장 이상적인 초인간에게 있다는 주장입니다. 그는 평범한 인간의 한계가 싫었던 것입니다.

독일의 운명을 파국으로 이끈 아놀드 히틀러가 평생 존경하고 따랐던 사람 중 하나는 음악가 베토벤이었고 그의 게르만적 민족정신을 위해서는 니체의 사상을 받아들여야 한다고 믿었습니다. 한때 독일과 동맹국이었던 이탈리아의 무솔리니에게 마지막으로 보낸 선물이 니체 전집이었을 정도였습니다.

그런 독일 정신을 대표했던 철학자 니체도 결국은 초인의 말로라고 볼 수 있는 운명애(運命愛)로 귀착했습니다. 이는 주어진 운명을 사랑으로 받아들이는 인생관과 세계관이라고 할 수 있습니다. 사상적으로 따져보면 지혜를 존중한 그리스 사상을 넘어설 수 없었습니다. 인도 사람들은 그 운명을 카르마의 정신으로 수용했고 이것은 동양사상의 인과업보의 정신과 통하는 것이었습니다. 인도를 대표하는 경전인 우파니샤드의 철학이 그러했고, 노자와 장자의 가르침도 자연질서로의 복귀였습니다.

그렇게 본다면 니체는 인간의 운명을 초월해 보려고 애쓰다가 자연과 우주의 영원한 질서로 돌아간 셈이라고 할 수 있습니다. 영구회귀라는 자연의 질서를 극복할 수 없는 것이 인간의 운명이었던 것입니다. 이렇게 힘든 철학적 고뇌 때문이었을까, 니체는 10여 년 동안 정신병을 앓다가 세상을 떠났습니다.

제가 애독한 저자 가운데 다른 한 사람은 덴마크의 S. 키르케고르였습니다. 니체와 키르케고르 두 사람은 대학생이라면 누구나 한 번쯤 읽으면서 공감했던 사상가였습니다.

키르케고르는 경건한 기독교 가정에서 일곱 형제 중 막내로 태어났습니다. 큰형은 교회의 목회자로 큰 비중을 차지했고, 부친은 이름 없는 평신도였으나 모든 교회 신도들이 갖는 평범한 신앙의 소유자였습니다. 키르케고르도 우리와 별 차이가 없는 크리스천으로 성장했습니다. 한때 레기네 올센이라는 열 살 연하의 여성과 사랑에 빠져 약혼했지만, 깊은 고민 끝에 1년 후 파혼을 선언하면서 신앙문제 해결을 위한 고뇌를 치르기도 했습니다. 그는 그리스 철학자 소크라테스의 '너 자신을 알라'는 과제를 인간 문제 해결의 중심이라고 보았습니다.

자연 앞에서의 자아나 사회인으로서의 자아로서는 인간이 가진 문제를 해결할 수 없기 때문에 신(神) 앞에서의 나를 찾아 해결하고 싶었던 것입니다. 인간은 자연적 존재가 아닌 정신적 존재이기 때문입니다. 인간은 목적도 의미도 모르면서 헤매는 군중 속의 한 사람이 아닙니다. 인간의 정신, 즉 내면적 자아는 인간 자체를 초월하기 원합니다. 그 문제를 해결하기 위해서는 절대자이자 초월자인 신 앞에서의 자아를 찾아야 했습니다. 그 결론으로 얻은 것이 《불안의 개념》과 《죽음에 이르는 병》의 두 저서로 나타났습니다.

하나님 나라를 위한 은총의 선택을 깨닫는 것

인간은 사는 동안 불안의 주인공이고 죽음에 이르는 절망을 해결하거나 극복하기 위해서는 스스로를 넘어서 영원한 삶과 참다운 실재의 길이 무엇인가를 찾게 되어 있습니다.

그 해결은 우리와 같은 인간의 몸으로 태어나 인간문제의 해결과 더불어 영원한 실재로 이끌어 간 오직 한 분 예수 그리스도를 믿는 신앙이라는 결론에 도달하게 됩니다. 절대자이자 영원한 실재인 신을 믿는 신앙의 길입니다. 그때 인간은 니체가 말하는 초인이 아니고 스스로를 죄인으로 자인하게 됩니다. 신 앞에서는 우리 모두가 죄인일 수밖에 없음을 고백하게 됩니다.

저는 이 두 천재적인 사상가의 갈림길에서 크리스천은 초월자인 신(하나님)을 받아들임으로 다시 태어나는 것임을 깨달았습니다.

그러나 그 사실을 실증하는 데는 긴 세월에 걸친 신앙적인 체험이 필요했습니다. 성경에 대한 깨달음도 달라져야 하며, 기도의 뜻이 무엇인지도 체험해야 했습니다. 열네 살 때의 신앙적 자각이 그런 체험의 하나였고, 10년 후 일제강점기에 학도병 문제로 고민할 때에도 주님의 이끄심을 받았습니다. 조국의 해방을 맞이했을 때는 내 인생을 하나님께 맡기고 하나님의 뜻에 따르기로 결심했습니다. 해방 후 2년 동안 공산주의 치하에 있으면서는 기독교 정신을 배제한 민족의 장래는 존속될 수 없다는 신념을 갖게 되었습니다. 한국전쟁을 치르면서는 기독교 정신과 교회의 사명을 떠나서는 내 삶의 의미가 없다는 신앙적 갈망을 느꼈습니다.

이런 과정을 겪으면서 하나님을 나의 아버지로 믿고 순종하는 사명감이 나의 신앙을 확인해 주었습니다. 내가 오래 전에《운명도 허무도 아니라는 이야기》라는 책을 내놓았습니다. 그 책의 결론은 인간은 허무주의로 귀착되거나 운명론자가 되는 두 길이 있지만, 나는 그 차원을 넘어서 어떤 사랑의 섭리를 믿게 되었다는 신앙고백이었습니다. 신앙인들은 그것을 은총의 선택으로 받아들이게 됩니다. 하나님의 나라를 위한 은총의 선택을 깨닫는다면 크리스천은 구원과 영원에의 동참을 체험하게 되는 것입니다.

2부

우리는 예수의 가르침대로
살고 있는가

7

희망을 주는 신앙인인가

혼자 남을 친구를 향한
위로와 당부

기하학자들은 공간이 생기려면 최소한 세 각을 가져야 한다고 정의합니다. 성경에서 3은 완전수를 의미합니다. 믿음과 소망과 사랑은 세 각을 가지는 삼각형이며 완전한 신앙을 이룹니다. 이중 어느 하나라도 없으면 완전하지 못합니다.

삼각형 하면 저는 제 친구 안병욱 선생과 김태길 선생이 가장 먼저 떠오릅니다. 지금은 고인이 된 안병욱 선생과 김태길 선생, 그리고 저를 가리켜 사람들은 '한국의 3대 철학자'라고 불렀습니다. 한번은 안병욱 선생이 저에게 전화를 걸어서 우리 셋이 나름대로 열심히 일해 왔는데 셋이 만나서 식사 한 번 해본 적이 없는 것 같다고 했습니다. 이제부터라도 1년에 분기별로 네 번 정도 만나 식사도 하고 차도 마시자고 제안을 했습니다. 좋은 생각이라 여겨서 김태길 선생한테 전화해서 안 선생의 뜻을 전하니 김태길 선생이 가만 있다가 의외의 말을 했습니다.

"이렇게 흩어져서 열심히 일하다가 누구 한 사람이 갔다 하면

'그랬구나' 하고 참을 만하고 잊을 수도 있는데, 이 나이에 정을 잔뜩 쌓다가 누구 한 사람 먼저 가면 가는 사람이야 모르지만 남는 사람들이 얼마나 힘들겠어. 그 생각도 해봤어? 마지막 남은 사람도 있을 거 아니야. 그걸 어떡하려고 그래?"

듣고 보니 과연 맞는 말이어서 우리는 더 이상 그 계획을 진행시키지 않았습니다. 그런데 그때는 몰랐지만 아마 김태길 선생은 자신이 가장 먼저 세상을 떠날 줄 알고 남은 우리를 염려했던 것 같습니다. 하지만 우리가 따로 회동을 갖지 않았어도 김 선생이 세상을 떠나자 그렇게 허전할 수가 없었습니다. 안병욱 선생도 피차 마찬가지여서 전화를 걸어 "삼각형 중에 한쪽 변이 사라져도 두 변은 남을 줄 알았는데 한쪽이 없어지니 다 없어지고 마네" 하며 슬퍼했습니다.

그렇게 세월이 흐른 어느 날, 안 선생이 전화로 "어쩐지 당신 혼자 남게 될 것 같아" 하고 말했습니다. 건강이 좋지 않느냐고 물었더니 그런 건 아닌데 어쩐지 그런 생각이 든다면서 무슨 말인가 할듯 말듯 하더니 전화를 끊었습니다. 전화를 끊고서 안 선생이 무슨 이야기를 하고 싶었을지 곰곰 생각해 보았습니다. 두 가지 정도가 떠올랐습니다. 하나는 혼자 남더라도 힘들어 하지 말라는 위로이고, 또 하나는 제가 정신력이 강하니 우리가 못다 한 일까지 다 하고 오라는 당부였을 것이라는 생각이 들었습니다.

나도 안 선생의 말처럼 셋이 함께 있다가 한 사람이 가게 되면 삼각형 중에 두 변이 남는 게 아니라 아예 없어지고 만다는 걸 절실히 느꼈습니다. 그런데 바울 사도도 그것을 느꼈던 것 같습니다.

> 그러므로 믿음과 희망(소망)과 사랑, 이 세 가지는 언제까지나 남아 있을 것입니다 이 중에서 가장 위대한 것은 사랑입니다고전 13:13

신앙생활은 믿음과 희망과 사랑을 모두 가지고 있어야 하는데 그중 제일 중요한 것은 인간의 사랑이 아니라 하나님의 사랑입니다. 하나님의 사랑은 이 모든 것을 완성시켜 줍니다. 그러고 보니 제 친구들 생각도 그랬던 것 같습니다. 혼자 남을 친구를 생각한 그 마음은 아마 우리 신앙인이 가져야 할 마음이 아닌가 생각해 봅니다.

믿음, 희망, 사랑이라는 삼각형

만약 우리가 인생을 살아가는 동안에 모든 희망을 잃어버렸다면 어떻게 될까요? 희망이 모두 사라지면 인생은 끝입니다. 키르케고르는 "희망이 없으면 절망이다"면서 "절망은 끝나지 않는 죽음을 향해 가는 병"이라고 했습니다. 인간의 정신적인 절망은 끝나지 않기 때문에 계속해서 죽으러 가는 병이라는 의미입니다.

사람이 아무 희망도 없이 그냥 살아가야 한다면 죽음만도 못한 삶이 됩니다. 희망이 있는 동안에는 우리에게 새 삶이 있지만, 희망이 없다면 남은 시간은 고통스러운 절망의 연속일 것입니다. 그러니 바울 선생도 희망은 꼭 있어야 한다고 말한 것입니다. 우리에게 믿음이 없어져 서로를 믿을 수 없게 되면 우리 사회는 악으로 가득 차게 될 것입니다. 사랑이 없으면 상상도 못할 지옥이 될 것입니다.

독일의 철학자 쇼펜하우어는 대학 때 생물학을 공부했는데 그는 "동물은 본능적 욕구가 채워지면 더 이상 욕심을 부리지 않으나 인간은 무한대의 욕구를 가지고 있어서 아무리 채워도 다 채울 수 없다"고 했습니다.

사람은 부자가 되면 다른 사람을 가난하게 만들고 더 부자가 되려 합니다. 동물들은 번식기에만 암놈, 수놈이 만나서 번식을 합니다. 그 후에는 욕심내지 않습니다. 그런데 사람은 부인이 있어도 부족하다고 또 욕심을 냅니다. 그러니까 인간에게 진정한 의미의 사랑이 없으면 정말 지옥입니다.

믿음, 희망, 사랑 이 셋은 항상 있어야 합니다. 희망이 없는 크리스천도, 믿음이 없는 크리스천도 안 됩니다. 사랑이 없는 크리스천은 자격이 없습니다. 믿음, 희망, 사랑이 있는 방 출입구에 있는 것이 믿음입니다. 믿음을 통해 희망을 갖게 되고 믿음의 열매로서 사랑을 갖게 되기 때문입니다. 그러므로 예수 그리스도를 구세주로 믿지 못하는 사람, 하나님의 사랑을 믿지 못하는 사람에게는 희망도 없고 사랑도 없습니다. 그래서 믿음으로부터 시작하는 것입니다.

역사 속에서
희망을 주는 신앙

이 믿음은 사회적인 의미와 역사적인 의미 두 가지를 남깁니다. 믿음이 사회적인 의미를 남길 때는 신앙의 공동체가 생겨서 사랑이 있는 사회가 됩니다. 그래서 역사와 시간 속에서 살아갈 때 희망을 줍니다. 살다보면 예기치 못한 어려움을 만날 때가 있습니다. 그럴 때는 신앙이 우리에게 희망을 주어야 합니다. 사람이 절망에 빠졌을 때는 시간이 희망으로 나타납니다. 신앙이 역사 속에서 나타날 때는 희망을 줍니다. 그래서 이 희망은 나 개인에게는 물론이고, 우리 민족과 역사에도 필요합니다. 신앙이 무엇입니까? 희망으로서의 신앙입니다.

제가 조금 이상하게 생각하는 것이 있습니다. 일본의 크리스천들은 칼 바르트나 폴 틸리히 같은 신학자를 잘 압니다. 미국의 크리스천 중에는 신학자 라인홀드 니버를 모르는 사람이 없습니다. 크리스천이 아니어도 정신적인 책임을 맡은 지도자들이라면 그분들이 누구인지 다 압니다. 그런데 우리 개신교 목사들은 거의 모릅니다. 이제는 교회가 눈을 떠야 하지 않을까 해서 하는 말입니다.

1962년 봄학기에 하버드 대학에 가서 한 학기 동안 공부할 기회가 있었는데, 그 학교에 라인홀드 니버가 와 있었습니다. 그분의 강의를 들어 보니 다음과 같은 내용이었습니다.

“오늘날 미국이 선조나 선배들 덕분에 세계 최고로 부강한 나라가 되었는데 그것을 다 우리 것이라 여기고, 우리끼리만 행복하고 즐겁게 누린다면 미국은 희망이 없습니다. 그렇다면 희망이 있는 나라가 되려면 어떻게 해야 하겠습니까? 바로 선조들이 물려준 부를 못살고 힘없는 나라들에 나눠주어야 합니다. 아프리카에도 보내고 아시아에도 보내 그 나라들이 잘살게 되면 미국은 더 잘살게 되어 있습니다. 나눠주지 않고 움켜쥐려고 하면 위험합니다.”

니버가 이렇게 주장할 수 있는 근거는 역사적 교훈에서 찾을 수 있습니다. 그런데 요즘 미국의 트럼프 행정부가 하는 것을 보면 영원히 채워지지 않는 욕구를 향해 질주하는 것 같아 안타깝습니다.

세계적인 부흥사 빌리 그레이엄 목사의 아들 프랭클린 그레이엄이 아버지의 뒤를 이어 부흥사로 활동하고 있습니다. 그런데 몇 해 전 그가 캐나다 밴쿠버에서 개최한 집회에서는 '증오가 아니라 희망이다' 등의 피켓을 든 기독교인들이 반대 시위를 벌였습니다. 이유인즉, 미국 대통령 선거할 때 그가 트럼프 후보를 지지했기 때문입니다. 트럼프 대통령은 미국의 지도자이지만 기독교의 정신과 반대되는 행동을 하는 것으로 알려져 있습니다. 그런 대통령을 지지한 그가 캐나다에 와서 복음을 전하고 신앙운동을 하겠다니 받아들여지지 않은 것입니다. 그 후 그는 노르웨이 집회를 준비했는데 역시 같은 이유로 취소되었습니다. 역사에 역행하기 때문입니다.

이것이 신앙입니다. 왜냐하면 신앙은 역사 속에서 희망이 되어야 하기 때문입니다. 역사 속의 기독교, 사회 속의 기독교를 무시할 때 교회는 희망을 줄 수 없습니다. 저더러 세계 지도자들 가운데 가장 크리스천다운 정치 지도자가 누구냐고 묻는다면 독일의 수상 메르켈을 뽑겠습니다. 제가 볼 때 그는 기독교 정신으로 정치를 하고 있습니다.

아주 오래전에 미국 감리교 원로목사가 이화여대에서 부흥회를 한 적이 있습니다. 집회 후 이화여대 학생들과 환담을 나누었는데, 놀랍게도 그는 당시 유행하던 실존주의 철학자 사르트르와

《이방인》의 저자 카뮈를 알지 못했습니다. 이들의 작품 속에 스며 있는 반기독교를 어떻게 생각하느냐는 질문에 답하지 못했던 것입니다. 학생들이 몹시 실망해서 저를 찾아와 하소연했던 기억이 납니다. 그런데 요즘 우리나라 목회자들을 보면 오래전 그 감리교 목사와 같다는 생각을 하게 됩니다. 저는 이것이 우리 한국 교회의 문제라고 생각합니다. 이들 문학가들을 모르는 것이 문제가 아니라 세계적인 지식인들이 하는 말에 귀 기울이지 않는 것이 문제입니다.

제가 중·고등학교 시절에 〈삼천리〉라는 월간지가 있었습니다. 거기에서 '세계적인 소설의 주인공 가운데 제일 인상 깊은 사람이 누구인가?'라는 설문조사를 했습니다. 대답한 독자들 가운데 50퍼센트가 도스토예프스키의 《죄와 벌》에 나오는 라스콜리니코프라고 답했습니다. 저는 그때 평양에서 유명하다는 목사님들이 라스콜리니코프가 누군지 잘 모른다는 데 놀랐습니다.

이러면 안 됩니다. 기독교는 희망을 주어야 합니다. 희망을 준다는 것은 사상뿐만 아니라 모든 점에서 앞설 때 가능합니다. 교회는 사회에 희망을 줘야 하고, 믿는 사람들은 믿지 않는 사람들이 절망과 회의에 빠졌을 때 희망을 가지고 사는 모습을 보여 줄 수 있어야 합니다.

칼 바르트는 교리주의자이고, 폴 틸리히는 철학적 신학자이고, 니버는 역사 속의 그리스도를 이야기했습니다. 저는 이 세 분의 강의를 다 들어 보았습니다. 시대가 지나고 독일의 신학자 몰트만이 세계적인 신학자로 떠올랐습니다. 그는 예수님이 역사 속에 다시 오신다는 재림 신앙을 이야기했습니다. 몰트만 신앙이 많은 신학자들을 끌어들였습니다.

몰트만은 10년 전에 우리나라에도 다녀갔습니다. 그는 기독교를 희망의 신앙이라고 했습니다. 희망의 신앙을 이야기한 몰트만이 종말론을 거론한 이유는 1·2차 세계대전을 겪고 나니 세계 역사에서 종말론이 팽배해졌고, 그런 시대적 분위기에서 과연 희망을 얘기할 수 있는가를 지적하려했기 때문입니다. 그는 기독교의 진정한 희망은 고난과 실망, 고통과 염려 속에서 서로 위로하고 저항하는 힘을 갖고 있는 데 있다고 이야기했습니다.

너희가 나를 택한 것이 아니라
내가 너희를 택했다

우리 개인의 경우도 마찬가지입니다. 누구나 어려움을 겪지만 신앙생활을 하며 하나님의 사랑을 체험하지 않습니까? 제가 신앙생활을 하면서 겪은 가장 큰 어려움은 바로 학도병 문제였습니다.

당시 저는 대학생이었는데, 일본에서 유학하던 학생들은 태

평양전쟁에 끌려가고 한국에서 대학을 다니던 학생들은 만주로 끌려가야 했습니다. 제 벗인 안병욱 선생도, 김수환 추기경도 이때 학도병으로 끌려갔습니다. 당시 학생들은 전쟁의 희생양이 되어야 할 운명 앞에서 허구한 날 술을 마시며 절망했습니다. 앞날에 아무런 희망이 보이지 않았기 때문입니다.

저는 어릴 적부터 신앙인으로 자라 왔기에 인생에서 가장 큰 어려움을 만나게 되자 하나님께서 그리스도를 통해 저를 어떤 길로 인도하실지를 놓고 기도했습니다. 당시 저는 3일간 하숙방에 틀어박혀 기도하고 성경 읽으며 하나님의 뜻을 구했습니다. 하나님의 뜻을 깨닫지 못하면 이 위기를 넘을 수 없고, 다른 친구들이 겪는 위기도 도울 수 없다고 고백하며 성경을 읽고 기도드리기를 반복했습니다.

그러던 중 요한복음을 읽는데, 말씀을 읽는 것은 분명 저인데 그 목소리는 예수님이었습니다. 귀를 의심했으나 분명 그 목소리는 제 목소리가 아니었습니다. 그러다 "너희가 나를 택한 것이 아니라 내가 너희를 택하여 내세운 것이다. 그러니 너희는 세상에 나가 언제까지나 썩지 않을 열매를 맺어라. 그러면 아버지께서는 너희가 내 이름으로 구하는 것을 다 들어주실 것이다"(요 15:16)라는 구절에서 시선이 멈췄습니다. 그리고 그 순간 저는 지금껏 가장 짧은 기도를 드렸는데, "하나님 아버지"였습니다. 그때 제가 느낀 것은 하나님이 바로 내 아버지라는 것입니다. 나는 없어지고 아버지 하나님의 사랑만 남았습니다. 밖에 나와 보니 하늘이 맑고 깨끗했습니다.

'하나님께서 내 아버지시다. 열네 살 때 절망 속에서 나를 끌어올려 주셨는데 이제 남은 인생은 전부 하나님 아버지께서 인도하신다. 내가 무엇 때문에 걱정하고 있나?'

그날 이후 저는 걱정하지 않았습니다. 친구들이 저더러 "술 한잔 마시지 않고도 어떻게 이 시국을 견디느냐"며 신기해했지만, 저는 정말이지 아무 걱정이 되지 않았습니다. 이제 남은 인생은 하나님 뜻 안에 있는데 걱정할 것이 무엇이란 말입니까? 저는 두 번째 이 세상에 태어났습니다. 절망 상태에 빠졌을 때 주님이 들려주신 말씀이 있습니다.

"너는 네가 나를 택했다고 믿고 있는데 사실은 내가 너를 택했다. 이제부터 내가 너와 더불어 함께하겠다. 내가 너와 같이 있을 것이다."

제가 개인적으로 시간을 가지면서 느낀 것은 우리가 절망에 빠졌을 때도 하나님은 우리를 사랑하셔서 우리에게 희망을 주신다는 것이었습니다. 신앙 안에 들어온 사람들은 주님이 더불어 계심을 체험합니다. 그래서 내 마음대로 하고 싶은 것 다 한 것 같아도 마지막에 가서 보면 주님의 뜻대로 이루어져 있음을 봅니다.

모든 것이 하나님의 섭리 안에 있습니다.

희망을 주는 크리스천,
희망을 주는 교회

저는 한 달에 한 번 강원도 양구에 갑니다. 양구는 젊은이들이 다 도시로 빠져나가서 어르신들만 남아 있는 우리나라에서 두 번째로 작은 군소재지입니다. 저는 거기에 가면 마음이 그렇게 평화로울 수가 없습니다. 티 없이 맑고 순박한 마을 분들이 가족처럼 대해 주셔서 세상 따뜻한 경험을 하곤 합니다. 양구에 가서 저는 인생을 살아가면서 필요한 부분에 대해 이런저런 이야기를 해 드립니다. 신앙적인 얘기는 하지 않지만 사실 신앙을 바탕에 둔 이야기입니다. 강원도 분들은 말로 표현하기를 어려워하는데 얼마 전에 그분들이 제게 이런 말을 했습니다.

"교수님이 오신 뒤로 양구가 아주 많이 달라졌습니다. 고맙습니다."

사람이 신앙을 가진 마음으로 누굴 돕는다는 건 무엇일까요? 저는 크리스천이 할 일은 첫째, 사람들에게 희망을 주는 것이라고 봅니다. 어렵더라도 희망을 가져야 하고, 또 희망을 주어야 합니다. 우리가 산다는 건 바로 우리를 통해 사람들이 희망을 가지도록 돕는 것입니다.

둘째는 우리 교회가 사회에 희망을 주어야 합니다. 그런데 요즘 교회는 사회에 희망을 주는 존재가 아니라 걱정을 끼치는 존재가 되고 있습니다. 저는 〈국민일보〉 '미션난'을 가끔 보는데 얼마 전에 읽은 두 가지 기사가 생각납니다. 한 기사는 원로목사가 퇴임하면서 후임 목사를 배려해 3년간 교회 근처에 얼씬도 안 하겠다고 말했다는 것을 미담으로 전하고 있었습니다. 원로목사가 당연히 할 일을 미담이라고 전하니 오늘날 교회 수준이 어떠한지 알 수 있습니다. 세상 사람들도 그것은 상식으로 알고 있습니다.

다른 하나는 교회가 재정적으로 정직하자, 마음대로 돈을 쓰지 말자는 기사였습니다. 오래전에 사회 원로들 20명가량이 모인 적이 있습니다. 죽 둘러앉아 점심을 먹고 나서 제가 회비를 걷어야 하지 않느냐고 했더니 오늘 회비는 저 스님이 낼 것이니 염려 말라고 했습니다. 스님이 무슨 돈이 있어 밥값을 내느냐고 했더니, 모르는 소리 말라면서 그 스님이 얼마나 부자인지 근사한 차를 몰고 비서까지 대동해서 온다고 했습니다. 그 말을 듣고 몹시 충격을 받았던 기억이 있습니다.

그런데 요즘 우리 교회가 그 수준인 것 같습니다. 교회가 교인들에게 가장 많이 요구하는 것이 재정을 다 맡기라는 것입니다. 그래서야 어떻게 사회에 모범이 되며 희망이 되겠습니까? 물론 모든 목사가 그렇다는 것은 아닙니다. 우리가 상상하지 못할 정도로 좋은 목사님도 계십니다.

제가 한국전쟁 때 피난 갔던 부산에서 만난 분 중에 항서교회 김길창 목사님이 계십니다. 그분은 교인이 700명이 넘으면 장로들에게 분립해 교회를 세우라고 재촉했습니다. 목사님의 지론은 교인이 700명 이상 되면 목회할 수 없다는 것이었습니다. 우리끼리 즐겁게 살자고 교회가 존재하는 것이 아니라면서 일부 성도와 장로들을 내보냈습니다. 그리고 김 목사님은 교육에 힘썼습니다. 대형 교회는 예배 시간을 늘릴 뿐 성도들을 내보낼 생각을 안 합니다. 그러나 보낼 수 있어야 합니다. 교회가 커지면 교회주의에 빠질 수밖에 없다는 것을 명심해야 합니다.

예수님의 말씀이
희망이 되어야 한다

저는 교회가 기독교의 최후 목적이라는 생각을 버려야 한다고 말합니다. 그런데 이것을 빌미로 많은 목사와 신학자들이 제가 무교회주의자라고 비난합니다. 하지만 제가 낸 책을 보고 제가 하는 강연을 들은 사람들은 그런 말 하지 않습니다. 《예수》나 《어떻게 믿을 것인가》를 읽은 후 오히려 저더러 보수적인 신앙인이라고 이야기합니다. 제가 얼마 전에 기독교 텔레비전에서 강의했는데 그때는 무교회주의자라는 이야기를 한 번도 듣지 못했습니다.

오해를 풀기 위해 이런 이야기까지 하게 되었습니다.

30여 년 전에 제가 쓴 책을 보니 "교회는 교회주의에 빠지지 말라"고 씌어 있었습니다. 오래전 일이라 제가 그런 말을 했는지조차 잊고 있었습니다. 당시에는 교회주의라는 말을 거의 쓰지 않았습니다. 그때 제가 교회주의가 기독교가 아니라고 말한 이유는, 기독교가 교회로 시작해서 교회로 끝난다면 그것은 유대인이 유대교로 시작해서 유대교로 끝나는 것과 같다고 지적하기 위함이었습니다. 무교회는 없습니다. 신앙을 가진 사람이 모이면 그것이 교회입니다. 교회가 신앙공동체입니다.

"교회가 교회 구실을 못한다면 교회 밖에서라도 기독교는 살아야 한다."

이것은 오랜 세월 인도 선교사로 헌신한 미국의 스탠리 존스가 한 말입니다. 교회가 희망이 되지 못한다면 교회를 버리고 예수님의 말씀이 희망이 되도록 해야 합니다. 교회가 맡아서 예수님의 진리를, 기독교 정신을 죽이면 안 됩니다.

많은 사람들이 저더러 철학을 하는 사람이 어떻게 신앙을 가지게 됐느냐고 묻습니다. 신앙과 철학 사이에서 갈등이 없었느냐는 질문을 많이 합니다. 우리 철학 교수들은 철학으로 시작했다가도 신앙으로 돌아오거나, 끝까지 철학을 지켜서 신앙으로 돌아오지 못하거나 두 가지 가운데 하나를 택합니다. 그 사이에서 갈등하는 분들도 많습니다.

예를 들면, 제 경우는 어릴 적에 간디 선생을 통해 많이 배우고 그를 존경하고 좋아했습니다. 또 톨스토이의 작품을 탐독했습니다. 제 책 중에《영원과 사랑의 대화》가 있습니다. 그 책에는 저의 사상적 깨달음이 반영되어 있습니다. 당시 제가 대학에서 플라톤을 강의하고 있었습니다. 플라톤은 이상주의자 아닙니까? 그러다가 한국전쟁을 겪고 난 후 이상주의가 다 깨졌습니다. 이상주의는 역사적인 사명이 아니라는 걸 깨달았습니다.

희망은 영원한 천국을
바라보는 신앙에서 나온다

어느 날 제가 학생들에게 시험을 치르게 하고 잠시 밖을 내다보니 복숭아꽃이 떨어지고 있었습니다. 그때 '나는 이제 이상주의자가 아니다'라고 결론을 내렸습니다. 절망이 철학을 버리게 한 것입니다. 저는 더 이상 이상주의자가 아니었고 이젠 휴머니즘을 믿을 수밖에 없었습니다. 절망과 고통과 비참함을 겪고, 눈물도 흘렸습니다. 한국전쟁을 겪으며 이상주의는 철학자의 꿈임을 깨닫게 되었습니다. 당시 김은국의 소설《순교자》를 읽고 그런 생각을 갖게 된 것 같습니다.

《순교자》는 한국전쟁 당시 평양에서 목사 14명이 북한군에게 체포되고 이들 중 12명이 처형된 사건을 배경으로 한 소설로, 그 사건을 조사하기 위해 대위가 파견되어 이념의 대립이 빚어낸 비극적 사건을 파헤치는 이야기입니다. 이 소설이 카뮈나 사르트르의 소설보다 더 일찍 세상에 나왔다면 틀림없이 노벨상을 받았을 것이라고 생각합니다. 그만큼 영향력이 컸던 소설입니다.

소설 속 주인공인 신 목사는 한국전쟁 중에 고통을 겪으면서 과연 하나님이 계시는가 회의에 빠졌고 결국 하나님을 믿지 못하게 되었습니다. 목사가 하나님을 불신하게 되었으니 얼마나 큰일입니까? 이 사실을 알게 된 대위가 "교인들한테 당신이 과거에는 하나님을 믿었는데 이 전쟁의 비참함을 보고나니 하나님이 계시지 않는 것 같다고 느낀다고 솔직히 고백하라. 왜 양심을 속이고 있는가" 하며 추궁했습니다. 이때 신 목사는 이렇게 대답했습니다. "신도들이 나를 통해서 하나님을 믿는데 차마 교인들더러 하나님을 믿지 말라고 말할 수는 없다. 그것은 그들을 절망에 빠뜨리는 일이기 때문이다."

전쟁은 더 험악해지고 중공군이 밀려 내려오자 다급해진 대위가 목사를 찾아와 자기와 함께 남쪽으로 가자고 손을 내밉니다. 이때 신 목사는 "교인들이 아직 이곳에 있는데 어떻게 나만 남으로 피난 갈 수 있느냐"며 대위가 내민 손을 거절합니다. 대위가 그들은 그들이 믿는 하나님께 맡기라고 하자 목사가 놀라운 대답을 합니다.

"나는 하나님을 못 믿어서 절망에 빠졌지만 나로 인해 하나님을 믿는 그 사람들한테서 하나님을 빼앗아 절망에 빠뜨릴 수는 없다. 내게는 그들을 책임질 의무가 있다."

예수님은 결코 이상주의자가 아니셨습니다. 그분은 역사 속에서 우리와 함께 고통을 겪었고 눈물을 흘렸고 비참에 처하셨습니다. 그랬기에 그분은 우리의 희망이 되셨습니다. 예수님은 십자가를 통해서 우리에게 희망을 주셨습니다. 부활하신 주님은 영원한 천국을 바라보는 신앙을 우리에게 가르쳐 주심으로써 희망을 주십니다. 그래서 고통당하는 순간이 왔을 때 그 사람을 두 손으로 가려 주십니다. 우리가 이해할 수도, 측량할 수도 없는 섭리로 우리를 인도하십니다.

우리는 하나님의 섭리 아래 있다

우리 민족은 수많은 전쟁을 치렀고, 그만큼 고난도 많이 겪었습니다. 일제치하와 한국전쟁, 4·19와 5·16의 격변기를 살아 냈습니다. 고통만 바라보면 희망을 갖기 힘듭니다. 신앙을 가진다는 것은 어떤 어려운 경우에도 희망을 가지는 것입니다. 개인뿐만 아니라 교회와 민족도 그러합니다. 희망을 잃어버리면 안 됩니다.

저에게 희망을 주시는 하나님께서 여러분 모두에게도 희망을 주십니다.

그러고 보면, 인생이 내 마음대로 사는 게 아님을 깨닫습니다. 하나님의 섭리가 귀하다는 걸 느낍니다. 그중 하나를 소개하려 합니다.

경남 김해시 진영에 있는 한얼중학교는 연세대학교를 졸업하고 일본 동지사대학에서 신학을 공부한 강성갑 목사님이 1948년 세운 학교입니다. 강 목사님은 신학생 시절 덴마크 농민 교육자 니콜라이 그룬트비의 영향을 받아 기독교 농촌교육을 실현하고자 했습니다.

당시 부산에서 피난생활을 하고 있던 저는 기회가 되어 소문으로만 듣던 한얼중학교를 방문하게 되었습니다. 제가 해방되고 북한에서 1년 반 동안 농촌교육을 한 적이 있었고, 또 서울에 있는 중앙학교로 가는 일이 미뤄지면 거기서 봉사할 요량으로 간 것이었습니다.

그날이 1950년 8월 1일이었습니다. 그날 밤 할 수 있는 한 목사님을 힘껏 도와야겠다고 다짐하며 잠이 들었습니다. 그런데 꿈에 평양에 있던 여동생이 나타나서 "오빠, 여기가 어디라고 오셨어요? 잠에서 깨어나는 대로 곧 떠나셔야 합니다"라고 또렷이 말했습니다. 새벽에 잠이 깼는데 아무래도 꿈이 심상치 않아 그 길로 떠나왔습니다. 목사님께는 죄송했지만 급한 일이 있어 부산으로 가야 한다고만 하고 왔습니다. 그때는 다시 결음하면 되겠다 싶었습니다.

그런데 다음 날 조간신문에 소위 '김해 지역 양민학살 사건'이 보도되었습니다. 낙동강 수산교 아래에서 무고한 양민 200여 명이 총살된 사건으로, 군이 명령한 불순분자 색출에 따른 것이었습니다. 이때 강성갑 목사님도 총살당해 하나님 품에 안겼습니다. 나중에 강 목사님과 같이 끌려갔다가 가까스로 살아 돌아온 최갑시 한얼학원 이사장이 이 사건을 고발해 경찰서장은 사형당하고 공모한 10여 명은 형을 살게 되었습니다. 만일 그날 꿈에 나타난 동생의 말을 무시하고 거기에 있었다면 저도 어떻게 되었을까 회상하곤 합니다. 강 목사님과 무고한 사람들의 죽음은 참으로 가슴 아프지만, 그 급박한 상황에서 하나님께서 저를 건져 내신 데는 그만한 이유가 있을 것이라 생각합니다.

그런 사건을 겪다 보면 겸허해질 수밖에 없습니다. 내 인생은 내 것이 아니라는, 내 마음대로, 내 뜻으로 하는 것 같지만, 하나님의 섭리 아래서 움직이는 것임을 깨닫게 됩니다. 그래서 신앙을 가진 사람들은 역경 속에서도 희망을 잃지 않습니다.

민족이 어려운 때입니다. 저는 이런 어려운 때에도 우리가 생각하지 못하는 하나님의 섭리가 있으리라 믿습니다.

8

참 신앙인은 현실 문제에 답을 준다

현실 문제에
답을 주는 기독교

어느 목사님이 장거리 여행을 하게 되었습니다. 비행시간이 긴 여행길인지라 옆자리에 좋은 사람이 앉아서 가는 동안 대화라도 나누면 지루하지 않겠다 생각했습니다. 하지만 얼마 후 그의 옆자리에 어느 여자가 와서 앉았는데 진한 화장에 향수 냄새가 코를 찌르고 옷차림도 매우 야해 속으로 잘못되었다고 생각하며 말씀이나 읽고 갈 요량으로 성경책을 꺼냈습니다.

한 시간쯤 지나자 기내식이 나왔습니다. 성경책을 내려놓고 식사하려는데 옆에 앉은 여자가 "목사님이십니까?" 하고 먼저 말을 걸었습니다. 그러고는 자신에게 고민이 있는데 상담해 줄 수 있느냐고 요청했습니다.

그녀의 고민은 이랬습니다. 미모의 재원인 그녀의 직업은 정보부 요원으로 국내에 침입해 온 간첩을 잡는 게 그녀의 임무였습니다. 그러나 그녀는 기독교 가정에서 자란 크리스천으로서 야하게 차려입고 간첩을 만나러 가게 되는 것이 마음에 걸렸습니다. 자기가 할 일이 아니라는 생각과 나라와 민족을 위해 누군가가 할 일이라는 생각이 마음속에서 서로 싸웠습니다. 자기가 하지 않으면 다른 사람이 해야 할 것이므로 하나님이 자기에게 주시는 책임이 아닐까 하는 생각도 들지만, 여전히 마음이 무겁다며 두 가지 중 어느 마음이 옳은지 알려 달라고 했습니다.

그 목사님이 뭐라고 대답했을까요? 아무 말도 하지 못했습니다. 쉽게 대답하는 게 오히려 이상하지 않을까 싶습니다. 이 이야기를 소개한 책의 저자는 기독교가 이러한 문제에 대해 너무 쉽게 옳고 그름을 판단한다고 했습니다. 이렇게 하면 예수님이 좋아하시고 저렇게 하면 예수님이 싫어하신다고 성경 말씀을 엮어 판단한다고 했습니다. 이런 문제에 대해 어느 누구도 쉽게 옳고 그름을 이야기할 수 없습니다.

현대인이 당면한 이러한 문제를 좀 더 높은 위치에서 바라볼 수 있는 지도자가 예수님을 대신하는 사람입니다. 현실의 문제는 변하는 상황 속에서 예수님의 말씀을 어떻게 적용하는가의 문제입니다.

율법과 계명으로는 선악을 분별할 수 없다

크리스천들이 고민하는 문제가 또 있습니다. 다음에 소개하는 본회퍼 논쟁이 그런 경우입니다. 성직자로서 히틀러 암살단에서 활동했던 본회퍼와 관련해 일어난 논쟁은 기독교계에서 여전히 계속되는 논쟁입니다. 본회퍼는 당시 신학 공부를 위해 미국 유니언신학교로 유학을 준비하고 있었습니다. 그런데 히틀러가 전쟁을 일으키자 모두가 겪는 이 고통을 혼자만 외면할 수 없다는 이유로 유학을 포기합니다. 현실에서 도피해 편안히 공부하는 게 하나님의 뜻일 수 없다고 판단한 것입니다. 조국에 남아 자신이 할 일이 무엇일까 고민하던 본회퍼는 히틀러 암살단으로 활동하게 됩니다. 그로 인해 철창신세를 지다가 결국 사형을 당합니다. 본회퍼가 암살단의 한 사람으로서 어떤 활동을 했는지는 자세하게 알려진 바 없지만, 그가 감옥에서 저술한 책이 바로《기독교 윤리》입니다.

본회퍼 논쟁은 신학자이자 목사인 본회퍼가 사람을 죽이겠다는 의도로 히틀러 암살단에 가담한 것이 과연 옳은가를 두고 찬반으로 갈려 벌인 논쟁입니다. 아무리 희대의 살인마라도 크리스천으로서 살인해선 안 된다는 것이 본회퍼 반대파들의 주장입니다. 반면에 본회퍼 옹호론자들은 희대의 살인마가 더 많은 살인을 저지르도록 방치하는 것도 살인이나 다름없다고 주장합니다.

본회퍼가 남겨 놓은 메시지에는 이런 뜻이 있습니다. 가령, 정신병자가 운전하는 트럭이 종로 거리에서 질주한다고 합시다.

많은 사람이 치어서 죽고 부상당하고 쓰러집니다. 그런데 세상 사람들은 히틀러 같은 정신병자를 끌어내려야 한다고 생각하고 있는데, 크리스천들은 살인할 수는 없다며 부상당한 사람, 상처받은 사람만 치료해 주고 정신병자를 트럭에서 끌어내리려 하지는 않습니다. 많은 국민을 위해 크리스천들이 해야 할 일이 무엇입니까? 히틀러를 죽일 수도 있어야 하지 않겠습니까?

여러분은 어떻게 생각합니까? 지금도 이 논쟁은 계속되고 있으나 결론은 나지 않았습니다. 사형수까지도 용서하라는 것이 기독교 정신인데 어떻게 사람을 죽일 수 있느냐는 것입니다. 한 가지 확실한 것은, 어느 쪽이 옳고 그르다고 말할 수 없다는 것입니다. 목사라고 해서, 신학자라고 해서 이건 옳고 저건 그르다고 말할 수 없습니다.

제가 이런 문제를 제기하는 이유는 시대에 따라 변하는 현실에서 선과 악을 쉽게 판단할 수 없기 때문입니다. 구약시대의 사람들은 율법과 계명을 믿고 살았기에 이런 문제에 대해서는 쉽게 대답할 수 있었습니다. 하나님의 뜻을 따르는 사람은 절대로 사람을 죽여선 안 된다고 했습니다. 그런데 구약의 역사를 읽어 보면 그 반대되는 일도 일어났습니다. 확실한 것은 선은 계명과 율법으로 다 해결되는 게 아니라는 것입니다.

초대교회 시절엔 이방인이라도 할례를 받아야 하는가 하는 문제로 심각하게 논쟁을 벌였습니다. 우상에게 바친 고기를 먹는 것이 옳은가 그른가 하는 문제로도 논쟁을 했습니다. 그런데 오늘날에는 할례가 구원의 조건이라고 믿는 사람은 없습니다. 사도 바울은 제사 지낸 음식이 부정한가를 판단하는 문제도 양심에 따라서 하라고 이야기했습니다.

안식일 문제는 아주 중요한 것입니다. 안식교인들은 안식일을 범하면 안 된다고 생각합니다. 그러나 지금 세상 사람들 중에 안식일 문제로 고민하는 사람은 아무도 없습니다. 교인들만 고민하지 세상 사람들은 고민하지 않습니다. 그것을 잘못했다고 이야기할 자격도 우리에게 없습니다. 만일 제가 세상 사람에게 안식일에 일했으니 죄인이라고 하면 그 사람이 저더러 뭐라고 하겠습니까? 이상한 사람이라고 생각하지 않겠습니까?

가끔 우리 집의 초인종을 누르는 사람들이 있습니다. 손님이 왔나 하고 2층에서 내려가 보면 여호와의 증인에서 왔다고 합니다. 그런데 그들은 편안히 쉬고 있는 사람을 무례하게 찾아가는 것이 잘못이란 것을 전혀 모릅니다. 전도해야 하기 때문에 남을 방해해도 괜찮다고 생각합니다. 저는 그들에게 "원고 쓰다 여기까지 내려왔는데 다른 사람의 입장도 배려해 주세요"라고 얘기합니다.

미국에 저의 제자 교수가 살고 있습니다. 그가 자기 집에서 며칠 쉬다 가라고 하면서 저에게 비행기표를 보냈습니다. 알고 보니 그 교수 부인의 아버지가 당시 한국 여호와의 증인 총 책임자였습니다. 그 부인은 자기 아버지가 하는 걸 보고 무신론자가 되었다고 고백했습니다. 아버지의 행동을 보니 신앙을 가질 수 없었다고 했습니다.

예수님은 계명과 율법은 과거의 것이라고 하셨습니다. 계절이 바뀌면 옷도 바꿔 입는데 모든 것을 그 잣대로 재면 옳지 않습니다.

찬송가 문제도 그렇습니다. 교회에서 찬송가를 적을 때 '통일찬송가 OO장, 새찬송가 OO장' 이렇게 쓰는 것을 보고 얼마 전에 어느 목사님을 만나서 왜 찬송가가 두 가지 종류인지 물었습니다. 그러면서 찬송가가 하나가 돼야 하지 않겠느냐고 했습니다. 그 목사님은 출판 저작권이 양쪽에 다 있기 때문이라고 대답했습니다. 한쪽의 손을 들어주면 다른 한쪽이 손해를 보기에 하나로 통일이 안 된다는 것입니다. 솔직히 말해 그것은 기독교인이 해서는 안 되는 일입니다. 교회를 위해서 양보할 줄도 모르는 행위일 뿐만 아니라 교인들이 겪는 불편을 외면하는 일입니다.

구약시대 사람들은 율법과 계명을 근거로 옳고 그름을 판단했지만, 계명과 율법으로는 선과 악을 분별할 수 없습니다. 예수님은 계명과 율법은 지나갔다면서 새 포도주는 새 부대에 담아야 한다고 말씀하셨습니다. 오늘날은 계명과 율법 대신 교리가 있습니다. 이 교리로 앞에서 언급한 정보부 요원의 고민을 해결할 수 있습니까? 본회퍼 논쟁에 대답할 수 있습니까? 없습니다. 교리는 교회를 지키고 보전하기 위한 것이지 역사적, 사회적 질문에는 대답할 수 없습니다. 교리가 해답을 주면 오히려 고통스럽습니다.

교리가 아니라
뜻이 중요하다

오래전에 부산진교회의 부흥회 강사로 초청 받아 간 적이 있습니다. 부산에서 큰 교회 중 하나인 그곳에서 목사가 아닌 학문하는 교수를 부흥회 강사로 초청한 것을 보면 그 교회 목사님은 신앙을 높은 차원에서 접근하는 분이라고 생각했습니다. 실제로 교회가 100주년이 되는 동안 목사 아닌 교수를 강사로 초청한 것은 그때가 처음이었다고 합니다.

오전 예배가 끝난 뒤 점심을 먹는데 어떤 분이 제게 자신의 고민 상담을 청했습니다. 초등학교 5학년 아들이 있는데, 어느 날 학교에서 돌아오더니 "나 이제부터 교회 안 갈래요" 했다는 것입니다. 이유를 물으니 예수님이 오른쪽 뺨을 맞으면 왼쪽 뺨도 내밀라고 해서 그동안 시비가 붙어도 꾹 참았는데 오늘은 도무지 참을 수 없어서 친구를 흠씬 두들겨 패 주었다는 것입니다. 그러면서 앞으로도 얻어맞지 않을 것이기 때문에 교회에 가지 않겠다고 했다는 것입니다.

저더러 어떻게 하면 좋겠냐고 묻기에 제가 웃으면서 목사님께 여쭤보라고 했더니 목사님은 다른 쪽 뺨을 내어 주라고 대답했다고 합니다. 그래서 제가 그분께 미국 드라마 〈털보 가족〉 이야기를 해주었습니다. 평범한 미국인이 많이 보는 드라마로, 작가가 미국 사회에 기독교 정신을 심어 주려고 노력한 흔적이 보였습니다.

〈털보 가족〉은 갖가지 이유로 버림받아 고아처럼 된 아이들과 털보 아저씨, 그리고 주인아저씨가 가족을 이루어 살면서 일어나는 일들을 그린 드라마입니다. 어느 날 털보 아저씨는 식사를 준비하고 있고, 주인아저씨는 아직 귀가하기 전에 아이들끼리 모여 앉아 심각하게 두런거립니다. 주인아저씨가 동네 깡패와 시비가 붙었는데 손 한 번 뻗어 보지 못하고 마냥 맞기만 하더라는 얘기였습니다. 아이들은 그런 아저씨를 비겁한 겁쟁이라고 흉보았습니다.

그날 저녁 집에 돌아온 주인아저씨는 분위기가 심상치 않다는 걸 감지했습니다. 그리고 그 이유를 털보 아저씨에게서 듣고는 아이들에게 올바른 교훈을 주어야겠다고 마음먹고 이렇게 말합니다.

"너희들 잠깐 나하고 누구 좀 만나러 가자."

아이들이 우르르 주인아저씨를 따라나섭니다. 주인아저씨가 찾아간 곳은 낮에 주인아저씨를 두들겨 팼다는 깡패네 아파트였습니다. 깡패가 나와서는 "아까 맞은 매가 부족해서 또 찾아왔냐?"고 눈을 부라립니다. 그러자 주인아저씨가 "아까는 그냥 갔는데 안 되겠다 싶어 또 왔다. 우리 한판 붙자"고 말하더니 그 자리에서 깡패를 때려눕혔습니다. 아이들이 순간 얼굴이 환해져서 "그럼 그렇지. 우리 아저씨가 어떤 사람인데!" 하며 어깨를 으쓱거립니다. 그날 저녁 아저씨는 집에 돌아와 저녁 식탁에 둘러앉은 아이들에게 이렇게 말합니다.

"사람이 살다 보면 상대할 수 없을 정도로 모자라고 부족한 사람을 만날 때가 있어. 아까 아저씨가 때려눕힌 사람이 바로 그런 사람이야. 그래서 평소 나는 사람을 상대하지 않느라 그냥 얻어맞고 말았어. 그런데 너희들이 나를 비겁하다고 했잖니? 너희들한테 내가 비겁한 사람으로 낙인찍혀선 안 되니까, 상대하고 싶지 않지만 너희를 위해서 아까 일부러 찾아가서 깡패를 상대해 준 거란다. 너희가 나중에 나와 같은 일을 당하면 어떻게 할지는 너희 스스로 판단해서 행동하도록 해라. 하지만 내가 확실히 알고 있는 한 가지가 있는데, 주먹밖에 모르는 사람 중에 선한 사람이 없고, 지혜로운 사람도 없으며, 지도자는 더더욱 없단다."

폭력을 쓰는 사람은 수준이 낮은 반면, 교양 있는 사람은 폭력을 쓰지 않는다고 이야기했습니다. 저는 〈털보 아저씨〉에 나오는 이야기가 '폭력은 버려져야 한다'는 교훈을 잘 전달해 주었다고 말해 주었습니다.

잘못은 맞는 나한테 있는 것이 아니라 폭력을 사용하는 그에게 있으며, 억울하다고 똑같이 폭력을 사용하면 결국 똑같은 사람이 된다는 교훈을 주고 있습니다.

비유에 담긴 예수님의 마음

성경에는 상징적인 비유가 많습니다. '오른빰을 치는 자에게 왼빰도 돌려대라'는 예수님의 말씀은 비유이지 그대로 하라는 말이 아닙니다. 선으로 악을 이기라는 의미이지 맞고 안 맞고의 문제가 아닙니다.

또 성경에 예수님이 베드로의 발을 씻겨 준 이야기가 나옵니다. 그런데 저는 예수님이 베드로의 발을 씻겨 준 것 같지는 않습니다. 왜냐하면 마태복음, 마가복음, 누가복음에는 그런 이야기가 없기 때문입니다. 물론 세 복음서에서 빠진 사건도 있겠지만, 예수님이 최후의 만찬을 드신 다음에 제자들의 발을 씻겨 주었으면 틀림없이 세 복음서에도 기록되었을 것이라고 저는 봅니다. 중요한 사건이니 말입니다.

이 사건은 요한복음에만 나옵니다. 성경을 고전으로 읽는 사람은 사실이 아닌 것 같다고 보지만 성경 그대로를 믿는 사람은 요한복음에 기록되어 있으니 사실이라고 봅니다. 저는 마태복음, 마가복음, 누가복음에 없으니까 예수님이 제자들의 발을 씻겨 주지 않았을 것이라 짐작하면서도 그 이야기 속에는 예수님의 마음이 담겨 있다고 생각합니다.

예수님은 많은 비유를 이야기하셨습니다. 누가복음은 대부분이 비유입니다. 그런 맥락에서 요한 역시 요한복음을 쓰면서 예수님의 마음을 제자들의 발을 씻겨 주는 것으로 표현했다고 보는 것입니다.

그 장면을 얘기하다 보면 저의 어머니가 떠오릅니다. 어머니는 저를 위해서라면 목숨을 바쳐도 괜찮다고, 저를 위해서라면 뭐든지 다 하겠다고 하셨을 분입니다. 그 어머니의 마음이 소중한 것입니다. 마찬가지로 예수님의 그 마음이 중요합니다. 그래서 예수님의 말씀에는 상징과 비유와 의의와 체험이 함께 있는 것입니다. 기독교의 교리에는 현대인의 생활과 상관없는 것들도 많이 있습니다. 따라서 그것이 중요한 것은 아닙니다.

연세대에 있을 때 감리교의 장 목사님이 저에게 "인간의 자유는 하나님도 어떻게 못해요. 예수님도 가룟 유다를 마음대로 못하셨잖아요"라고 했습니다. 얼마 있다가 장로교의 김 목사님이 와서 "모든 건 하나님의 예정입니다. 그 누구도 못 바꿔요"라고 했습니다. 그러니 학생들이나 후배 교수들이 저에게 와서 "선생님은 어느 쪽입니까?"라고 물어봅니다. 저는 솔직히 말했습니다. "나는 부족하지만 나름대로 기독교 신앙을 가지고 살아 왔습니다. 나는 한 번도 그 문제로 고민해 본 적이 없어요. 제가 깨달은 건 '은총의 선택'입니다. 하나님의 은총의 선택이 우리를 구원하고 우리에게 사명을 맡기신 것입니다."

학생들이 저에게 이렇게 물어봅니다. "선생님, 저 지옥 가기로 하나님이 예정하셨으면 지옥 가는 거지요? 아무리 잘하면 뭐 합니까, 천국에 못 가는 것을."

교리가 얼마나 큰 잘못을 저지릅니까? 그러나 예수님의 말씀은 듣고 돌아설 수가 없습니다. 왜냐하면 인생과 역사와 사회에 대한 진리이기 때문입니다.

양심이 대답한다

율법도 계명도 교리도 대답해 줄 수 없는 문제는 어떻게 해야 합니까? 세상 사람들은 이성과 양심이 대답한다고 말합니다. 이성과 양심은 어떤 면에서 교리보다 높은 수준의 의식입니다.

정보부 요원이 비행기에서 만난 목사에게 "제가 이 직업을 갖는 게 맞을까요, 틀릴까요?" 물었을 때 그 목사가 할 수 있는 말은 "당신 양심에 따르라"는 것입니다. 사도 바울도 사람들이 할례를 받는 문제와 우상의 제물을 먹는 문제로 논쟁할 때 "양심에 따라 행하라"고 가르쳤습니다. 본회퍼 목사에게 우리가 할 수 있는 말은 "양심에 따라 행하라"입니다.

세상 사람들은 이런 문제에 대해 법을 따르라고 말합니다. 그런데 양심은 법보다 높은 위치에 있습니다. 우리가 원하는 질서 사회는 법 사회보다 차원이 높습니다. 법의 잣대로는 법을 지키지 않으면 벌을 받아야 합니다. 그런데 양심에 비추어 보면, 법관도 양심에 따라서 집행하는 것이지 법에 따라 하는 건 아닙니다. 양심은 법보다 위에 있습니다. 제가 법관들에게 할 수 있는 이야기는 하나밖에 없습니다. 민족과 국가를 위해 법조인으로서의 양심에 따라 판단하라는 것입니다. 절대 정권을 위해 판단해서는 안 됩니다.

박근혜 전 대통령이 삼성 이재용 부회장에게 최순실의 딸이 승마할 수 있도록 지원해 달라고 부탁한 것이 화근이 되어 국정농단 사건이 백일하에 드러났습니다. 하지만 대통령이 내게 무언가를 부탁한다면 이를 거절하기는 쉽지 않을 것입니다.

유한양행의 유일한 박사는 고 이승만 박사의 청탁을 거절했다가 세무감사를 받아야 했습니다. 괘씸죄에 걸린 것입니다. 그런데 놀랍게도 유한양행은 세무감사에서 단 한 건의 비리도 드러나지 않았습니다. 오히려 내지 않아도 될 세금을 낸 것이 드러났습니다. 유일한 박사는 어째서 대통령의 청탁을 거절하고 또 안 내도 될 세금까지 더 낸 것일까요? 국가가 먼저라는 애국심이 있었기 때문입니다. 나에게 이익이 되느냐 손해가 되느냐는 것보다 국가를 위해 양심에 따라 행동했기 때문입니다. 회삿돈을 유용해 대통령의 잇속을 채워 줄 수 없다는 것이 그의 양심이었습니다. 대통령의 잇속을 채워 주는 것은 정경유착이기 때문입니다.

그런 의미에서 양심이 법보다 위에 있습니다. 소크라테스나 간디처럼 역사적으로 존경받는 사람들은 법보다 높은 양심을 가진 사람들이었습니다. 공자님의 교훈 가운데 가장 소중한 건 바로 인간관계를 선하고 아름답게 이끌어 가라는 것입니다.

오래전 박정희 정권 시절에 당시 중앙정보부에서 강연 요청을 해왔습니다. 과장 이상의 간부급을 대상으로 강연을 해달라는데, 솔직히 내키지는 않았습니다. 하지만 제가 부름 받은 데는 특별한 이유가 있겠지 싶어 수락하고, 앞에서 소개한 정보부 요원의 고민 이야기를 했습니다.

사실 정직한 사람은 정보부에서 일하기 어렵습니다. 마음이 여린 사람도 정보부에서 일하기 어렵습니다. 진실보다는 거짓을 더 많이 말하고 명령이 떨어지면 다른 사람에게 피해를 주는 것도 서슴지 않아야 하기 때문입니다. 웬만한 사람은 그렇게 차가운 마음을 유지하기가 쉽지 않습니다.

구 소련의 권력투쟁에서 밀려난 트로츠키를 암살한 것도 소련의 KGB 정보원이 한 짓이었습니다. 소련의 KGB는 세계적으로 악명이 높습니다. 트로츠키는 멕시코로 망명해 멕시코 정부의 철통같은 보호를 받고 있었습니다. KGB 정보원이 스탈린으로부터 암살 명령을 받고 멕시코까지 날아오긴 했으나 트로츠키에게 접근할 길이 막막했습니다. 며칠 그 주위를 맴돌다 한 가지 묘책을 짜냈습니다. 트로츠키에게는 딸처럼 아끼는 비서가 있었는데, 그녀는 트로츠키의 은신처를 드나들 수 있는 유일한 사람이었습니다. KGB 정보원은 이 여자를 유혹해서 트로츠키에게 접근했습니다.

마침내 트로츠키의 여비서가 이 남자와 사랑에 빠져 둘은 결혼을 하기로 약속했고, 마침내 트로츠키에게 이 남자를 소개하기로 했습니다. KGB 정보원은 드디어 트로츠키에게 접근할 수 있게 된 것입니다. 그는 집 앞에서 몸수색을 철저히 받았으나 마당에 등산용 도끼가 있는 걸 확인합니다. 두 번째로 트로츠키를 만나러 갔을 때 KGB 정보원은 도끼로 트로츠키를 살해했고, 그날 이후 남자는 연기처럼 사라졌습니다. 이처럼 정보원으로 살아가려면 거짓과 술수, 차가운 심장을 갖지 않으면 안 됩니다.

저는 중앙정보부 직원들에게 앞서 소개한 목사에게 상담했던 여자의 고민을 얘기한 후 두 가지 부탁을 했습니다. 먼저, 나중에 세월이 흘러 통일된 세상이 오면 진실은 진실로 전달될 수 있도록, 거짓이 진실로 둔갑되지 않도록 해달라고 했습니다. 그것이 여러분이 활동하는 목적이 되었으면 좋겠다고 말했습니다. 그리고 나중에 통일되었을 때 남과 북이 서로 사랑하는 조국이 될 수 있도록 해달라고 부탁했습니다. 통일 후에도 서로 미워하고 질투하고 속이고 복수하는 나라가 아니라 진실이 남는 나라, 인간애가 가득한 나라가 될 수 있도록 해달라고 부탁했습니다. 진실과 사랑은 인류의 의무이자 희망이기 때문입니다.

본회퍼가 히틀러를 죽이는 일에 가담했는지 아닌지는 확실히 모르지만 그는 전쟁 끝나기 석 달 전에 사형을 당했습니다. 히틀러 암살단에서 활동했다는 이유로 사형당한 본회퍼의 행동이 옳은가 그른가에 대해선 저도 답을 못합니다. 그러나 확실한 것은 먼 훗날에는 진실만이 남아야 합니다. 양심과 진실, 그리고 인간애는 남아야 합니다. 이것까지 거부하면 역사는 살아남지 못합니다. 그런데 양심과 진실, 인간애를 우리에게 요청하고 가르쳐 준 분이 그리스도이십니다.

우리는 너무 쉽게 예수를 믿습니다. 많은 사람들이 진실을 알지 못한 채 겪는 문제에 답을 줄 수 있는 것이 기독교입니다. 그런데 우리는 그 역할을 제대로 못하고 있습니다.

신앙인은 절망하는 사람에게 희망을 주는 존재

신앙을 가지고 살다 보면 문제가 자연히 풀리는 경우를 봅니다. 지식이 깊든 얕든, 학자든 사상가든 신앙 앞에서는 모두 어린아이 같아집니다. 신앙을 가진다는 것은 하나님 앞에서 아이처럼 순수하고 욕심이 없는 마음 상태가 된다는 것입니다.

공자의 제자들은 다 훌륭한 학자이고 정치가였습니다. 석가의 제자들은 왕족이고 철학자였습니다. 반면, 예수님의 제자들은 대부분 무식한 사람들이었습니다. 그럼에도 그들이 높이 올라갔습니다. 이것이 신앙의 은총입니다. 제가 믿을 수 있는 인간의 소리는 양심과 이성밖에 없습니다. 그런데 이성과 양심에 따라서도 대답할 수 없는 일이 있습니다.

제 친구인 김태길 선생이 따님을 불행하게 잃었습니다. 당시 신문에도 날 만큼 불행한 사건이었습니다. 전화해서 "김 선생, 많이 힘드시죠?" 했더니 그분이 하는 말이 "이렇게 엄청난 일을 겪고 보니 어떻게 해야 할지 정말 모르겠어요. 저는 윤리학자이기 때문에 철학과 윤리가 문제를 해결할 줄 알았는데 제가 할 수 있는 것이 아무것도 없어요" 했습니다. 그러면서 한마디 덧붙였습니다. "신앙인이라면 이런 때 무엇을 해야 할지 알 것 같아요."

그는 그런 사건들을 계기로 신앙인이 되었습니다. 그는 철학과 윤리는 이 문제를 해결하지 못하고 신앙인이 해결할 수 있다고 보았습니다. 살다 보면 감당할 수 없을 만큼 힘들고 어려운 일을 만나기도 하지만 신앙을 가지면 그 문제를 쉽게 넘깁니다.

저의 외손주가 고3일 때 담임을 맡았던 선생의 이야기입니다. 1년간 한 반이 된 아이들에게 자기 고백을 하며 어려움이 있으면 상담하라고 했답니다. 선생은 불교 가정에서 태어났으나 무신론자로 자랐다고 했습니다. 청년 시절 인생이 너무 허무해서 두 번이나 자살 시도를 했었고 그 후 교사가 되었다고 합니다. 살아야 하니까 교사가 되긴 했지만, 주변에 친구도 없고 대화를 나눌 사람도 없이 외롭게 살았습니다. 그러다 여자 친구를 만나게 되었고 서서히 삶의 활력을 되찾기 시작했습니다. 그런데 문제가 있었습니다. 여자 친구가 독실한 크리스천이어서 결혼하면 종교적인 갈등을 겪을 것이 분명해 보였습니다. 선생은 사랑하는 여자 친구를 위해 이별을 고했습니다. 그러자 여자 친구가 신앙은 버릴 수 없으나 교회는 다니지 않겠다며 결혼하자고 했습니다.

두 사람은 결혼 후 종교적인 문제로 갈등한 일이 없었습니다. 그러던 중 아내가 병명을 모르는 병을 앓더니 마침내 의사로부터 치유가 어렵다는 말을 듣게 되었습니다. 이 세상에서 유일하게 사랑한 사람인 아내를 떠나보낼 생각을 하니 눈물밖에 나오지 않았습니다.

하루 종일 비가 오는 어느 날, 무작정 우산을 쓰고 길을 걷다가 서점에 들렀습니다. 그의 눈에 띈 책이 있었는데 바로 제가 쓴 《예수》라는 책이었습니다. 그 책을 사서 아내에게 주었고, 아내가 그 책을 읽고 나서 "그동안 교회 다니지 않아 신앙과 아주 멀어진 줄 알았는데, 이 책을 읽으니 예수님이 믿어진다"면서 남편에게도 읽어 보라고 권했습니다. 남편이 그 책을 읽고 나서 깨달은 바가 컸는지 아내와 함께 교회에 다니는 것은 물론 예수님을 받아들였습니다. 예수님을 받아들인 후 그는 변화되었습니다. 제자들에게 "그동안 나는 너희들의 성적만 올려 주면 되는 줄 알았던 참 부족한 선생이었다. 이제부터 너희들을 사랑하겠다"고 말했습니다.

그 부부는 신앙생활을 열심히 하고 있습니다. 부인의 병이 나은 것은 물론입니다. 그 선생이 그 사건을 계기로 인생에서 가장 소중한 걸 깨달았습니다. 교육자로서도 새로워졌습니다. 이런 분은 다른 사람의 질문에 해답을 줍니다. 크리스천은 어리석은 것 같으나 지혜롭습니다. 사람들에게 희망을 줍니다. 이것이 신앙입니다. 모든 문제를 안고 그리스도께 가는 사람은 문제의 해답을 받고 돌아갑니다.

그래서 오늘날 크리스천의 책임이 막중합니다. 지금 전직 대통령 두 사람이 감옥에 갇힌 신세가 되었습니다. 리더의 자리가 엄중한데 가서는 안 되는 자리까지 밀려나게 됐습니다. 이것이 오늘 우리 사회의 현주소입니다. 수준이 이것밖에 안 되는 것입니다. 이런 때 어리석은 것 같으나 지혜로운 크리스천이 절망의 길로 가는 사람들에게 희망이 되어야 합니다. 그러기 위해 어떻게 해야 합니까?

"내가 너희들을 사랑한 것같이 네 이웃을 사랑하라."

예수님이 인간으로서 제자들을 사랑한 것과 같이 너희도 서로 사랑하라는 말씀입니다. 예배 많이 드리는 것보다 예수님의 마음을 가지고 이웃을 위하고 사랑하면 그것이 예수님의 제자가 되고 하나님의 뜻을 따르는 길입니다.

진심이 남는 사회, 인간애가 가득한 하나님 나라가 제게 주어진 마지막 목표입니다. 그 목표가 없는 신앙은 신앙이 아닙니다. 우리가 한 인간이자 크리스천으로서 이러한 인생관과 목표를 가졌으면 좋겠습니다. 이렇게 살면 우리 삶에 작은 변화가 생깁니다. 마지막 날에 내 인생 전체가 주님이 목표였다는 고백을 할 수 있기를 소원합니다.

9

사회악에는
사랑이 답이다

자유와 평등
그리고 사랑

사도 바울은 고린도전서에서 "믿음과 희망(소망)과 사랑, 이 세 가지는 언제까지나 남아 있을 것입니다. 이 중에서 가장 위대한 것은 사랑입니다"(고전 13:13)라고 말했습니다. 저는 사회생활을 오래 했기 때문에 그것과는 좀 다른 개념을 가지고 있습니다. 현대 사회에서는 바울 선생의 믿음, 소망, 사랑보다 자유, 평등, 사랑을 더 많이 이야기합니다. "자유와 평등과 사랑은 항상 있을 것인데 그중의 제일은 사랑이다"라고 바꿔 말할 수 있을 것입니다.

만일 우리가 사도 바울을 만나서 "선생님은 믿음과 소망과 사랑을 말씀하셨는데, 우리 사회에서는 자유와 평등과 사랑을 더 많이 이야기하고 있습니다"라고 말한다면 바울 선생이 무엇이라 대답할 것 같습니까? 제 생각엔 "나는 개인 중심으로 살던 시대의 가치관을 이야기한 것이고, 당신들의 시대는 사회 중심이니까 아마 내가 현대에 산다면 '자유와 평등은 항상 있는 것인데 그 문제 해결은 사랑에서 온다'고 할 것 같습니다"라고 말할지도 모르겠습니다.

믿음, 소망, 사랑은 개인 신앙을 가진 사람들에게 해당하는 이야기입니다. 그러나 자유와 평등과 사랑은 역사적 사명을 느낀 인간 공동체가 가지는 교훈입니다. 예수님의 뜻을 전해 주는 기독교 사상가들은 믿음, 소망, 사랑과 더불어 자유, 평등, 사랑을 많이 강조합니다.

사회에 대한 역사적 사명감을 소홀히 여기는 크리스천은 인정받지 못합니다. 그래서 온 인류가 겪고 있는 자유, 평등, 사랑의 문제는 믿음, 소망, 사랑에 못지않게 중요합니다.

1789년에 일어난 프랑스 혁명의 중요한 핵심 가치는 자유와 평등과 사랑입니다. 당시 프랑스의 천주교는 국민에게 자유, 평등, 사랑을 주지 못했습니다. 그래서 교회나 국가 전체가 불행에 빠졌던 것을 역사를 통해 알 수 있습니다.

학창 시절, 교과서에 프랑스 혁명을 풍자한 만화가 실렸는데, 그것을 보면 당시 기독교의 실태를 분명하게 확인할 수 있습니다. 뼈만 앙상하게 남은 농부가 힘에 부치게 무거운 지게를 지고 있고 그 지게 위에는 피둥피둥 살이 찐 왕족과 귀족, 교회 지도자가 앉아 있는 것을 묘사한 그림이었습니다.

소련의 10월 혁명도 교회가 기독교 정신을 상실하자 그에 대항해 일어났습니다. 당시 러시아의 국교는 동방 정교회였습니다.

동방 정교회는 왕족 및 귀족과 결탁해 부와 권력을 누렸습니다.

서울대 공과대학이 태릉에 있던 시절에 선교를 목적으로 그곳에 예배당을 지은 김덕영 권사님이 해준 이야기입니다. 그분이 젊은 시절 결혼한 후 모스크바에서 한동안 머물렀는데, 거기서 매우 충격적인 모습을 보았다고 합니다.

어느 러시아 귀족 여자가 신발에 시계를 넣어 차고는 길을 걷다가 지나가던 시민을 불러 세워서 발을 내밀며 "몇 시냐?"고 물으면 시민이 몸을 구부려 "몇 시 몇 분입니다"라고 대답하더랍니다. 이들 귀족과 왕족은 모두 정교회 교인입니다. 그리고 왕족과 귀족들이 예배드리는 예배당에 갔는데 그 화려함과 사치스러움이 말로 다할 수 없을 정도였다고 합니다. 왕족과 귀족, 종교 지도자들이 결탁해서 사회를 좀먹고 있으니 그들로 인해 고통받는 백성이 의지할 데가 없었을 수밖에요. 이러한 때 레닌이 나타나 혁명을 주장하니 거기에 동조했던 것입니다.

우리 교회는 교회 밖으로 나와 하나님이 원하시는 하나님 나라를 마음에 두어야 합니다. 우리 목사님들도 믿음, 소망, 사랑과 마찬가지로 자유, 평등, 사랑이 얼마나 소중한지를 교인들에게 가르치고 또 배워야 합니다.

성경에 있는 것은 소중하고, 성경에 없는 건 세상 문제라고 갈라놓는 것은 옳은 생각이 아닙니다. 기독교는 인간에 대한 사랑으로부터 시작해야 합니다. 개인은 믿음과 소망을 가지고 살고, 사회는 자유와 평등을 찾아 누릴 수 있어야 합니다. 그렇게 해야 역사가 세워집니다.

무엇이 천사이고 악마인가

성경을 보면 악마나 천사에 관한 말이 많이 등장합니다. 악마가 예수님을 유혹했다는 이야기, 천사가 목동들에게 나타난 이야기가 그 예입니다.

그런데 현대에는 악마가 도깨비같은 모습으로 존재한다거나 날개를 가지고 날아다니는 천사가 있다고 생각하는 사람들은 거의 없습니다. 그렇다고 악마나 천사 같은 존재가 없지는 않습니다.

악마와 꼭 같은 악의 세력이 내 마음속에도 있고 우리 사회에도 있고 정치계에도 있습니다. 그것은 악마보다도 더 무서운 악의 세력입니다. 심지어 하나님이 존재하지 않는다고 생각할 정도로 악의 세력이 강하게 느껴지기도 합니다.

세상 사람들도 그런 생각을 많이 가지고 있습니다. 제가 1961년에 미국에 처음 갔을 때 일입니다. 시카고의 미국 교회에 예배를 드리러 갔는데 그 교회는 예배 시간 전에 한 시간 동안 장로님이 이끄는 성경반을 운영하고 있었습니다. 그 장로님은 교회뿐만 아니라 사회적으로도 많은 일을 하는 분이셨습니다. 저도 그 성경반에 들어가서 들어보았습니다. 우리와 다르게 질문과 대답은 하지만 결론을 내지는 않고 끝냈습니다.

한번은 그 장로님이 성경 말씀에 성령 이야기가 많이 나오는데 정말 성령이 있다고 생각하느냐고 물었습니다. 어떤 사람은 있다 하고 어떤 사람은 없다 했습니다. 그 장로님이 저에게도 묻기에 저의 생각을 말했습니다.

"우리 인간에게는 살아가는 동안 필요한 질서가 있습니다. 육체에 필요한 것은 자연의 질서, 즉 자연법칙입니다. 인간은 자연법칙에 따라 삽니다. 그 다음에는 정신적인 질서가 있습니다. 평화의 질서, 자유의 질서, 도덕의 질서 등입니다. 그것이 없으면 인간으로 제대로 살지 못합니다. 정신 질서가 높은 사람도 있고 낮은 사람도 있습니다. 세상 사람들은 이 두 가지로 끝난다고 보지만 저는 예수님을 믿고 하나님의 뜻을 따르면서 또 하나의 질서가 있다는 걸 알았습니다. 그것은 인간의 정신적인 질서를 이끌어 주는 은총의 질서입니다. 그 은총의 질서를 이끌어 주는 것이 성령의 역할이라고 저는 믿습니다."

아쿠타가와상은 소설가 아쿠타가와 류노스케를 기념한 일본의 권위 있는 문학상으로 이 상을 받은 작가는 전 세계의 주목을 받습니다. 그의 작품 세계는 지금까지 일본 문단에 영향을 미치고 있으나 그는 사실 35세의 젊은 나이에 스스로 목숨을 끊어서 안타까운 생을 마감했습니다.

제가 인상 깊게 읽은 그의 소설은《거미줄》로, 거기에는 지옥에 대한 묘사가 나옵니다. 인도인 간다타는 마음 내키는 대로 강도와 살인을 서슴지 않는 악인 중의 악인이었습니다. 그런 그가 이생에서 유일하게 한 착한 행실은 숲속을 거닐다 거미 한 마리를 발견하곤 밟아 죽이지 않고 살려 준 것이었습니다.

어느 따뜻한 봄날 석가모니가 연꽃이 만발한 연못 주위를 산책하다가 연못 깊숙이 있는 지옥에 사는 사람 중에 착한 일을 한 가지라도 한 자가 있다면 구제해야겠다고 마음먹었습니다. 바늘산으로 둘러쳐진 지옥에는 도깨비들이 탈출을 시도하는 사람들을 방망이로 때려 다시 가둬 놓고 있었습니다. 석가모니는 간다타를 구제하기로 하고 거미줄을 내려 보냈습니다.

간다타는 거미줄이 갑자기 왜 내려오나 싶었지만 혹시 이 줄을 타고 가면 천당이 있을지도 모른다고 생각해 줄을 타고 올랐습니다. 그러자 지옥에 있던 사람들이 간다타를 따라 줄을 타기 시작했습니다. 간다타는 이렇게 많은 사람들이 동시에 줄을 타다가는 끊어질지도 모른다 싶어 "이건 내 거야. 다들 떨어져" 하며 발을 굴렀습니다. 그 순간 간다타의 손목 위에서 줄이 끊어져 모두 지옥으로 다시 떨어졌습니다. 석가모니는 그 모습을 가만히 지켜보다 슬픈 얼굴로 산책을 계속했습니다.

지옥은 그런 곳입니다. 우리 가운데도 지옥을 만드는 사람들이 많이 있습니다. 히틀러나 스탈린 같은 사람이 그러합니다. 사랑을 배제하고 만든 건 다 지옥입니다. 인간이 타인을 이해하려는 마음도 없고 동정심도 없고 도우려는 마음도 없으면 간다타처럼 됩니다. 예수님도 주기도문을 가르쳐 주시면서 "유혹에 빠지지 않게 하시고 악에서 구하소서"(마 6:13)라고 하셨습니다. 우리를 유혹하는 세력은 악의 세력입니다.

그렇다면 선한 세력이란 무엇일까요?

한국전쟁으로 부산으로 피난 갔을 때 일입니다. 광안리 못 미쳐 대연동이 있습니다. 대연동에서 용담이라고 하는 오륙도가 보이는 바닷가에 가면 산림이 우거져 풍경이 몹시 아름답습니다. 제가 그 부근에서 피난생활을 하다가 나병환자촌에 가봤습니다. 경상남도에 있었던 대표적인 시설로 바닷가 경치 좋은 곳에 나병환자들이 살고 있었습니다.

저는 나병환자 마을을 관리하며 돕고 있던 목사님의 허락을 받아 당시 제가 가르치던 학생들과 함께 그곳에 천막을 치고 3~4일 동안 쉬어 가게 되었습니다. 목사님을 통해 그곳의 시설을 안내받고 학생들 10여 명과 함께 며칠 동안 환자들이 식사하는 걸 도와주기로 했습니다. 다음날 저녁 교회 종소리가 들려 물어보니 나병환자와 그 가족들이 예배를 드리는 예배당이 있다고 했습니다. 그래서 우리도 허락을 구하고 그들과 격리된 자리에서 예배를 드렸습니다.

그날 밤 예배를 마친 후 학생들과 저녁을 먹고 있는데 나병환자들과 함께 예배를 드리던 한 여선생님이 김치를 준비했다면서 먹으라고 주고 갔습니다. 나병은 전염병이기에 정성은 고마우나 이 김치를 먹어도 되는지 우리는 한참 고민했습니다. 난감해하다가 목사님을 찾아가 자초지종을 설명했더니 목사님이 그 여선생님은 나병환자가 아니라 자원해서 이곳에 집을 짓고 나병환자들을 돌보고 있는 사람이라고 했습니다. 다음날 아침에 우리는 안심하고 맛있게 김치를 먹었습니다.

지금 정확히 기억은 안 나는데 토요일 새벽이었던 것 같습니다. 어디에선가 통곡하는 소리가 들렸습니다. 무슨 일인가 싶어 일어나 밖에 나가 보았습니다. 나병환자 가족들이 어디론가 떠나려는 듯 보따리를 든 채 운동장에 모여 있었습니다. 대구에서 트럭이 와서 여러 명이 타고 떠나는데 그렇게 슬프고 가슴 아픈 장면은 처음 보았습니다. 김치를 가져다준 여선생님도 울면서 나병환자들을 위로해 주었습니다.

저는 목사님께 무슨 일인지 물었습니다. 나병환자 가족 중 아직 나병에 걸리지 않은 건강한 어린아이들은 정부기관이 조사한 후 데려간다고 했습니다. 대구로 데려가 완전히 검사한 후에 다시 여기 올 필요가 없는 아이들은 사회로 내보내고 전염된 아이들은 이곳으로 돌려보낸다고 했습니다. 그러니까 건강한 아이들의 입장에서는 가족과 마지막 작별이니 울음바다가 될 수밖에 없었던 것입니다. 여선생님이 우리 학생들에게는 보여주지 말라며 아이들이 떠난 후 밖에 나오게 해달라고 했습니다.

저는 목사님께 왜 그 여선생님이 여기에 있는지 물었습니다. 그랬더니 세상에서 가장 불행한 사람들을 위해 봉사하고 싶다며 당신 돈으로 근처에 집을 짓고 돌봐주고 있다고 했습니다. 제가 그 여선생님에게 "언제까지 여기 계실 겁니까?" 하고 물었더니 그분이 "전 여기서 인생을 마감할 겁니다"라고 대답했습니다.

그날 저는 천사란 바로 이 여인을 두고 하는 말이라는 생각을 했습니다. 비참에 처한 사람들의 눈물을 사랑으로 닦아 주는 사람, 그가 바로 천사입니다.

히틀러 같은 사람은 악마 중의 악마라고 볼 수밖에 없을 것 같습니다. 모든 사랑을 거절한 사람은 악마입니다. 모든 사랑을 거절한 사람들이 모인 세상이 악마의 세상입니다. 사랑으로 가득한 인생을 사는 사람들은 천사입니다.

스탈린이 공산당의 지도자가 되면서 얼마나 많은 사람을 죽였습니까? 〈타임〉 지에 나왔던 이야기인데, 스탈린이 비밀경찰인

베리아를 데리고 유고슬라비아로 갔습니다. 당시 대통령인 티토가 유고를 공산국가로 만들었습니다. 세 사람이 앉아서 대담을 하는데 스탈린이 티토에게 "당신네는 사회주의 혁명에서 얼마나 희생시켰습니까?" 하고 물었습니다. 티토가 우물쭈물하고 대답을 못했습니다. 스탈린이 옆에 앉은 베리아를 보고 "우린 얼마지?" 하자 그는 "500만 명입니다" 하고 대답했습니다.

이것이 악마의 모습입니다. 하나님의 사랑이 극치를 이룬 건 천사이고 그 사랑을 완전히 빼앗는 건 악마입니다.

자유와 평등의 공존

인간의 역사가 계속되는 동안에는 자유와 평등이 공존하면서 대립하기도 하고 전쟁을 일으키기도 합니다. 개인에게 가장 소중한 것은 자유입니다. 그러나 개인이 사회 속에서 살면 자유를 자기 마음대로 행사할 수 없습니다. 사회는 평등의 가치를 추구하고, 개인은 자유의 가치를 추구합니다. 그러니 개인의 자유와 사회의 평등은 함께 있을 수밖에 없으면서도 언제나 갈등을 일으킵니다.

해방 후 얼마 안 돼 우리 민족은 둘로 갈라져 싸웠습니다. 북은 평등을 최고의 가치로 삼고, 남은 자유를 최고의 가치로 삼아

결국 전쟁까지 불사했습니다. 당시 저는 북한에서 2년 동안 살았는데 자유를 누릴 수 없었습니다. 저도 복종시켜야 하고 신앙도 복종시켜야 해서 이렇게 살 바엔 남으로 가겠다 결심하고 남으로 온 것입니다.

그 후 대한민국에서 중앙학교 선생님이 되었습니다. 공산사회를 알고 싶은 사람들이나 민주주의와 공산주의가 어떤 차이가 있는지 알고 싶은 사람들이 저에게 와서 "북한에서 사는 게 얼마나 힘들었습니까?" 또는 "공산사회가 아무리 나쁘다 해도 이승만 정권보다야 더 나쁘겠어요? 거기서 살지 왜 오셨어요?" 했습니다. 저는 아무런 대답을 할 수 없었습니다. 겪어보지 않은 사람은 모르는 법입니다.

저는 대한민국으로 오기 전에 평양에서 우리 마을을 중심으로 해서 중·고등학교 교육을 시켜보자는 꿈을 갖고 대학 동창들과 의기투합해 학교를 세워 교육에 전념했습니다. 그런데 공산당은 우리의 활동을 달가워하지 않았습니다. 아니 호시탐탐 꼬투리를 잡아 방해했습니다.

한번은 제 제자가 찾아와서 아무래도 희생당하실 것 같으니 떠나라고 했습니다. 그러면서 우리 학교를 재정적으로 후원해 주던 장로님 이야기를 했습니다. 상당한 재력가였으나 공산당 치하에서 얼마나 탄압을 받았던지 모든 재산을 버리고 떠나야겠다고 했다는 것입니다. 그러고는 마지막으로 팔순 노모를 만나러 갔다가 그 자리에서 공산당에게 잡히고 말았습니다. 장로님이 끌려간 뒤 다섯 자녀가 뿔뿔이 흩어졌는데 그중 한 아들은 러시아까지 끌려가 거기서 산다고 들었습니다.

비교하는 게 이상하긴 합니다만, 일제강점기에는 조용히 시골에서 농사짓거나 해도 괜찮았습니다. 그런데 공산치하에서는 지성인이 농사를 짓고 있으면 허락하지 않았습니다. 잡아다 조사하고 그들의 사상을 세뇌시켰습니다. 제 사촌동생도 잡혀갔었는데 김일성의 할아버지가 구해 주었다고 합니다. 김일성과 고향이 같아서 우스운 일들도 많았습니다.

사촌동생이 고등학생일 때 반공운동을 하다 잡혔습니다. 그 시절에는 잡히면 소련으로 끌려갔습니다. 사촌동생의 어머니가 손쓸 데가 없으니까 김일성의 할아버지에게 가서 사정을 했습니다. 김일성이 어머니 젖을 먹지 못해서 제 외할머니가 3개월 동안 젖을 먹여 키운 사연이 있습니다. 김일성의 할아버지는 착하고 순박했습니다. 그래서 그 할아버지와 외할머니가 파출소에 가서 사정을 이야기하고 사촌동생을 빼내왔습니다.

자유를 경험해 보지 못한 사람들은 괜찮습니다. 그러나 자유의 가치를 아는 사람은 공산치하에서 못 삽니다. 그런데 자유가 충분히 허락되면 경쟁 사회가 됩니다. 무한경쟁은 사회의 양극화를 불러옵니다. 그땐 평등을 지향하는 사회주의가 일어납니다.

우리가 주의할 것이 있습니다. 자유가 아무리 소중하다 해도 악한 사람의 자유는 용납되면 안 됩니다. 악하고 힘 있는 사람이 자유를 가지면 힘 없는 사람은 못 삽니다. 재산을 많이 가진 사람이 자유를 다 누리면 가난한 사람은 못 삽니다. 악한 사람이 자유를 누릴 수 있는 사회가 되면 사회가 고통받습니다. 히틀러나 스탈린이나 김일성의 자유 때문에 얼마나 많은 사람들이 희생당했습니까.

요즘 부모가 자녀를 죽이고, 자녀가 부모를 죽이는 일들이 심심찮게 언론에 보도되고 있습니다. 사랑이 없는 사람에게 자유를 주어서는 안 됩니다. 사랑을 모르는 사람들이 감옥에 가야 합니다. 다른 말로 표현하면 공동생활의 질서를 무너뜨리는 사람에게는 자유가 없습니다. 사랑이 완전히 사라진 공동생활은 지옥입니다. 이것이 예수님의 교훈입니다.

그러면 어떤 사람이 자유를 누릴 수 있습니까? 이성의 가치를 알고 양심의 가책을 느끼는 사람이 자유를 누려야 합니다. 양심과 이성에 따라 사는 사람은 자신에게 주어진 자유로 남의 자유를 빼앗지 않고 도리어 그 자유를 타인과 나누며 같이 누립니다. 하나님이 주시는 사랑을 받아서 나눠줍니다. 이것이 예수님의 교훈입니다.

자유와 평등은 사랑으로 온전해진다

마태복음 20장에는 포도원 비유가 나옵니다. 영국의 사상가이자 문학과 미술의 비평가인 존 러스킨은 영국이 산업혁명으로 어려움을 겪을 때 포도원 비유에서 현대 사회가 안고 있는 경제 문제의 해결할 방안을 찾았습니다.

포도밭의 주인이 아침 일찍 나가 일당으로 1데나리온을 약속하고 일꾼을 데려옵니다. 주인이 9시, 오후 3시, 그리고 오후 5시에도 나가 일꾼을 데려옵니다. 주인이 일을 마칠 시간인 오후 5시에도 일꾼들을 데려온 것은 그들이 하루 일당을 벌지 못하고 그대로 집에 돌아가면 가족 모두가 끼니를 굶게 되기 때문입니다. 마침내 해거름이 되어 주인이 일꾼들에게 일당을 지급합니다. 그런데 희한하게도 주인이 오후 5시에 와서 일한 사람이나 아침 일찍부터 와서 일한 사람 모두에게 똑같이 1데나리온을 주는 것입니다. 그러자 일찍부터 와서 일한 사람들이 주인에게 공평하지 못한 처사라고 항의합니다. 이때 주인이 이렇게 대답합니다.

> 내가 당신에게 잘못한 것이 무엇이오? 당신은 나와 품삯을 한 데나리온으로 정하지 않았소? 당신의 품삯이나 가지고 가시오. 나는 이 마지막 사람에게도 당신에게 준 만큼의 삯

을 주기로 한 것이오 마 20:13-14

존 러스킨이 찾은 해답은 사랑입니다. 인도주의적 경제학을 주창한 러스킨은 경제 문제를 해결하려면 사랑밖엔 답이 없다고 보았습니다. 정의는 사랑으로 완성됩니다. 정의만 끝까지 주장하면 싸움만 납니다. 우리가 정치하듯 정의만 따지면 남는 것이 하나도 없습니다. 사랑이 있어야 합니다. 그것이 예수님의 말씀이고 역사에 길을 만들어 주는 일입니다.

인도의 간디도 일찍이 이 사랑의 질서를 주장했습니다. 넓은 대륙 인도를 여행하려면 하루나 이틀 꼬박 기차를 타야 합니다. 그가 기차에서 읽으려고 책을 몇 권 가져갔는데 그중 한 권이 러스킨의 《나중에 온 이 사람에게도》였습니다. 간디도 러스킨의 책을 읽고 인정했습니다. "경제와 정치문제 때문에 생기는 모든 사회악은 사랑밖에 길이 없다. 정의를 완성시키는 건 사랑밖에 없다." 아무리 좋은 정치를 해도 정의가 정의로 끝나면 행복하지 못합니다. 사랑으로 채워져야 합니다.

마틴 루터 킹 목사도 약자인 흑인의 처지를 안타깝게 여겨 죽음을 각오하고 평등 사회를 위해 싸웠습니다. 이태석 신부가 암으로 고통스러운 몸을 이끌고 아프리카로 돌아가 남은 생을 그곳 아이들과 보낸 것도 사랑이 아니면 설명할 수 없습니다. 사랑은 희생입니다.

간디, 마틴 루터 킹 목사, 이태석 신부 같은 이가 경제계에도 있고 정치계에도 있고 교육계에도 있고 교회에도 있고 옆집에도 있을 때 거기가 곧 하나님 나라입니다. 내가 희생하고 어려움을 감내하면 그만큼 더 많은 사람이 행복하게 살게 됩니다. 이 마음이 예수님의 마음입니다.

안타깝게도 많은 이들이 그렇게 살지 않으려 합니다. 나를 희생시킴으로써 더 많은 사람이 하나님의 아들딸로 구원받을 수 있다면 그 길을 가야 합니다.

이런 생각을 하다 보면 일본의 대표적인 가톨릭 작가인 엔도 슈사쿠의 작품 속에 나오는 한 주인공이 떠오릅니다.

일찍이 일본에 와서 선교와 사회사업에 종사하던 폴란드 출신의 한 신부가 있었습니다. 사회사업 자금을 모금하기 위하여 고국인 폴란드를 찾아갔습니다. 폴란드는 이탈리아 다음가는 가톨릭 국가입니다. 그 즈음 히틀러가 느닷없이 제2차 세계대전을 일으키면서 먼저 폴란드를 점령합니다. 그리고 폴란드의 청장년들을 각종 명목으로 잡아 수용소에 감금하고 군사와 전쟁에 필요한 강제노동에 이용했습니다.

죄 없이 수용소에 갇혀 있는 사람들은 기회가 주어지면 탈출을 감행했습니다. 강제노동이나 독일군을 지원하는 것은 반국가

행위가 되기 때문입니다. 독일 장교는 그들의 탈출을 막기 위해 한 명이 탈출에 성공하면 그 대신 같은 방의 한 사람을 사형에 처하고, 실패하는 탈옥자는 공개적으로 사형하는 방법을 택했습니다. 그런 상황에서 일본을 떠나 고국 폴란드를 찾아간 신부는 유대인을 숨겨 주었다는 죄목으로 그 수용소에 수감되었습니다.

어느 날 신부가 아침에 일찍 잠에서 깨어 보니 옆자리가 비어 있었습니다. 신부는 그가 탈출했다는 것을 예감했습니다. 같은 방에 수감되어 있던 사람들이 긴장된 마음으로 아침 점호 시간에 운동장으로 나갔습니다. 그 사람이 탈출에 성공하기를 비는 마음이지만 그렇게 되면 대신 누군가가 죽어야 합니다. 한편 탈출에 실패했을 때는 사랑하는 친구가 죽음으로 가는 것을 보아야 합니다.

이윽고 독일 장교가 한 사람을 끌고 나타났습니다. 탈출하다 체포된 것입니다. 그 사람은 죽음을 각오하고 있었습니다. 마지막으로 같은 방에 있던 친구들에게 눈짓으로 작별인사를 했습니다. 그 사람의 눈과 신부의 눈이 마주치게 됩니다.

신부는 도저히 참을 수가 없어 뚜벅뚜벅 걸어 나가 독일 장교에게 호소했습니다. "이 사람은 내 옆자리에 있었기 때문에 잘 아는데, 사랑하는 아내가 있고 어린 세 자녀가 있어 집으로 가기를 애타게 바라고 있었습니다. 이 사람은 사랑하는 가족에게 돌아갈 권리가 있습니다. 장교님도 집에 사랑하는 가족이 있을 테니까 그 마음을 잘 아실 것입니다. 돌려보내지는 않아도 살려주어야 합니다. 살 권리가 있습니다. 대신 누군가가 죽어야 한다면 내가 여기에 남겠습니다"라면서 그 사람을 자기가 있던 자리로 돌려보내도록 애원했습니다.

독일 장교는 "네 목숨은 아깝지 않느냐?"고 물었습니다. 신부는 "다행히 나는 신부이기 때문에 나 혼자면 됩니다. 이 사람에게는 네 가족이 기다리고 있습니다. 누구도 그들이 사랑할 권리를 빼앗아서는 안 됩니다"라고 대답합니다.

그렇게 해서 신부는 희생되었습니다. 밤이 되어 강제노동에서 돌아온 동료들이 잠자리에 누웠습니다. 신부의 자리는 비어 있고 대신 살아남은 사람은 흐느껴 울고 있었습니다. 그때 연장자인 한 사람이 말했습니다. "아무리 어렵더라도 이 난국을 극복하기 위해 살아남기로 하자. 아직 세상이 이렇게 착하고 아름다운데 희망을 버려서는 안 된다."

물론 전쟁은 극한 상황입니다. 그럴 때일수록 우리는 시련과 난관을 극복하기 위한 희망과 용기가 필요합니다. 그리스도인의 사랑은 그런 희망과 용기를 사람들에게 나누어 주는 데 있습니다. 그리스도인이 아니더라도 좋습니다. 그런 사랑이 개인과 역사의 희망이자 구원의 약속인 것입니다.

몇 해 전 우리는 세월호의 참사를 직간접으로 체험했습니다.

만일 우리 가운데 나 한 사람이 희생하면 어린 생명 20~30명을 구출할 수 있는 상황에 놓인다면 우리는 어느 것을 택해야 하겠습니까? 일상생활에서도 그런 선택을 요청받으면서 사는 것이 인생길입니다. 예수께서 그 모범을 보여주셨습니다.

10

기독교는 버림받은 사람을 위해 존재한다

신앙인은
사랑을 베푸는가

예수님은 주로 비유를 통해 말씀하셨습니다. 비유로 말씀하시는 데에는 이유가 있는 것 같습니다. 하나는 하나님 나라의 교훈을 그대로 이야기할 수 없었기 때문입니다. 그래서 상징적인 비유를 통해서 말씀하신 것입니다. 따라서 우리는 그 비유가 가지고 있는 상징적인 의미를 찾아야 합니다. 그 뜻을 찾은 후에는 실천하는 데까지 나아가야 합니다. 그렇게 살 때 신앙이 온전히 이루어집니다.

성경 말씀을 이해하는 것은 삼각형의 세 각과 같아서 비유의 말씀을 들어서 뜻을 깨닫고, 실천하며, 실천을 통해 체험한 것을 다른 사람들과 나눔으로써 보다 온전한 이해로 나아가게 됩니다. 그중에서 가장 중요한 것은 말씀 가운데 사는 것입니다. 신앙은 우리의 체험 속에서 이루어지는 것입니다.

강도 만난 자의 비유와 포도원 품꾼의 비유는 기독교가 가장 중요한 교훈으로 삼아야 할 말씀이라고 생각합니다. 강도 만난 비유가 개인의 신앙에 필요한 교훈이라면, 포도원 품꾼의 비유는 사회문제를 해결하는 데 필요한 교훈이라고 봅니다. 그리고 이 둘의 중심 주제는 사랑입니다.

예수님은 신앙인이란 사랑을 베푸는 자라고 말씀하셨습니다. 교회 열심히 다니는 사람도, 성경을 많이 읽은 사람도, 기도 많이 드리는 사람도 아닌 사랑을 베푸는 자가 가장 소중합니다. 그렇게 사랑을 실천하고 살면서 예수님의 사랑을 깨달으면 진정한 크리스천이 되는 것입니다.

앞에서 이야기했지만, 존 러스킨은 포도원 품꾼의 비유를 탁월하게 해석했습니다. 그는 사회가 어떤 결정을 할 때 묻는 것이 '정의란 무엇인가'이지만, 그것만으론 부족하며, 정의의 질서 위에 사랑의 질서가 있어야 한다고 했습니다. 인류 역사를 이끌어가는 두 가지 사회질서는 정의와 사랑입니다. 이 둘이 연동될 때 사회가 안고 있는 문제를 해결할 수 있습니다.

저는 존 러스킨의 해석에 감탄했습니다. 여기에 인류의 희망이 있다고 봅니다. 사랑을 베풀 줄 아는 정의가 필요합니다. 정의를 지키지만 사랑을 베풀 줄 아는 제도가 필요한 것입니다.

1962년에 뉴욕에 갔다가 한 젊은 경제학자를 만났습니다. 그에게 이렇게 질문했습니다.

정의와 함께
사랑의 질서를 세워야 한다

"아메리카라는 수박이 있는데, 이것을 정치면에서 보니 민주주의였습니다. 제 생각에는 그보다 더 좋은 정치 방향은 없는 것 같습니다. 의회 민주주의보다 더 좋은 정치 형태는 200년 이래 아직 나오지 않았습니다. 앞으로도 못 나올 것 같습니다. 그것은 기독교 정신입니다. 그 수박을 경제적인 면에서 보니 미국에선 자본주의를 택했죠. 저는 자본주의보다 유럽 사회가 택한 복지주의가 더 좋은 것 같은데 왜 미국은 그것을 택하지 않았습니까?"

그러자 그는 미국식 자본주의에 대해 이렇게 대답했습니다.

"선생님, 얼마 전에 공산주의를 대표하는 소련의 흐루쇼프 공산당 서기장이 미국을 순방하고 돌아갔습니다. 그가 뉴욕의 UN 총회에서 연설을 했지요. 저도 쉬면서 그 장면을 보았습니다. 당시 흐루쇼프 서기장은 미국의 여러 곳을 시찰하면서 뉴욕의 록펠러센터를 보게 되었습니다. 그는 '한두 개인이 이렇게 많은 재산을 가지고 있으면 가난한 사람들은 어떻게 살아갑니까?' 하고 물었습니다. 그 이야기를 들은 〈뉴욕 타임스〉의 기자가 글을 썼습니다. '록펠러센터나 큰 기업체가 개인 명의로 등록되어 있다고 해서 그것을 개인의 소유라고 생각하는데, 미국인 중 그렇게 생각하는 사람은 없습니다. 그것은 주식회사이기 때문입니다'."

산업혁명이 일어나고 근대화 과정에 있을 때는 부자들로 인해 가난한 사람들이 생겨났습니다. 노동자들은 하루 12시간 이상을 일하는데도 가난에서 벗어나지 못하는데 기업가는 부자가 되었습니다. 그러나 근대화를 넘어온 현대는 다릅니다.

록펠러 은행 총재가 우리나라에 왔을 때 어떤 기자가 "당신은 당신 은행의 주식을 얼마나 가지고 있습니까?" 하고 물었습니다. 그때 그는 이렇게 대답했습니다. "저는 5퍼센트 이상을 가질 수 없습니다. 그리고 나머지 95퍼센트는 원하는 사람이면 누구든지 가질 수 있습니다." 기자가 "그러면 5퍼센트의 수익은 당신 것입니까?"라고 물었습니다. 그러자 그는 세금을 낸다고 답했습니다. 그의 말은 경영권자는 회사에서 얻은 이윤을 미국 사회와 세계를 위해서 쓸 수 있는 권한을 갖고 있다는 뜻입니다.

제가 만난 경제학자가 이어서 말했습니다.

"선생님, 200년 전 미국이 아메리카 대륙에 나라를 건설했을 때만 해도 모든 재산은 개인의 소유라고 생각했습니다. 하지만 나라가 부강해지고 사회가 발전하면서 미국인은 모든 재산은 공동의 소유라고 생각하기 시작했습니다. 경영자는 투자를 통해 일자리를 만들고 수익을 창출해 사회에 기여하고, 학자는 연구한 학문으로 사람들의 지식을 고양하며, 정치가는 바른 정치를 통해 보다 좋은 사회를 만들고, 예술가는 작품 활동을 통해 또 다른 차원의 예술 세계를 창출합니다. 이렇게 해서 모든 재산을 공유하는 것입니다."

세계적인 기업가 록펠러의 삶은 미국의 발전과정과 많이 닮아 있습니다. 석유왕 록펠러로 불릴 때까지만 해도 그는 억척스런 사업가에 불과했습니다. 그러나 록펠러재단을 설립하고 사회에 공헌하면서 그는 자신의 소유를 공유하게 되었습니다.

뉴욕의 UN 빌딩은 록펠러가 기증한 땅 위에 세워졌습니다. 또 시카고 대학을 설립한 사람도 록펠러입니다. 미국뿐 아니라 인도나 아프리카도 도왔습니다.

한국전쟁 후 우리나라의《우리말사전》은 록펠러재단의 후원으로 만들어졌습니다. 미국의 자본주의는 개인 소유 체제에서 출발했으나 지금은 개인이 가진 소유로 사회에 기여하는 기여 체제로 개선되었습니다.

이것이 기독교 정신입니다. 될 수 있으면 자신은 적게 가지고 많은 것을 남의 손에 주는 사람, 그가 크리스천입니다. 크리스천이 다른 사람보다 열심히 일해야 하는 이유는 예수님 말씀을 받아들여 더 많이 벌고 그것으로 남을 돕기 위해서입니다. 그러나 무조건 공짜로 도와주는 게 아니라 일의 대가로 주어야 합니다.

일의 가치를 창출해서
나눠 가지는 사회

제 딸이 텍사스에 삽니다. 텍사스는 무척이나 덥습니다. 여름 방학이 되어 제가 방문했는데, 옆집에 사는 초등학교 5학년 백인 아이가 딸에게 찾아와서 방학 동안 잔디를 깎아 줄 테니 남들 주는 돈의 반만 달라고 말했습니다. 이 더위에 잔디를 깎을 수 있을까 반신반의하면서도 딸은 그 아이에게 일을 맡겼고, 아이는 기특하게도 누구보다 열심히, 더구나 깔끔하게 잔디를 깎았습니다. 어느 날 딸이 아이에게 왜 잔디깎이 아르바이트를 하느냐고 물었습니다. 그러자 아이는 방학 동안 아르바이트를 하면 자기가 사고 싶은 카메라를 살 수 있다고 말했습니다.

미국에서 공짜란 없습니다. 노력한 만큼 얻는 것을 당연하게 여깁니다. 부잣집의 자녀라도 예외가 아닙니다.

제 손주가 워싱턴에서 중·고등학교를 다녔습니다. 고1 때인데 집에 오더니 오늘 록펠러의 손주를 만났다고 했습니다. 그 아이가 반에서 가장 먼저 아르바이트를 신청하여 잔디를 깎고 접시를 닦아 용돈을 번답니다. 그 아이네 집은 부자이기 때문에 아르바이트를 안 할 것 같은데도 열심히 한다고 했습니다. 그래서 그 아이에게 "너희 집은 돈이 많은데 왜 열심히 아르바이트를 하니?" 하고 물어봤답니다. 그랬더니 의외의 대답이 돌아왔답니다. "나도 너희처럼 아버지에게 용돈을 받아. 그런데 그것만으로는 좀 부족해서 아르바이트를 해서 부족한 걸 채운단다. 아버지가 용돈 주면서 꼭 십일조를 하라고 했어. 우리 집안의 전통이야." 세계적인 부자도 아들을 그렇게 키웁니다. 돈은 일한 대가로 주지 공짜로는 안 줍니다.

제가 일본 유학을 갔다가 일본인들의 근면과 성실을 보고는 탄복했습니다. 일본의 노인들은 대부분 일합니다. 노인정 같은 게 없습니다. 제가 40대가 되어 미국에 가보니 그곳은 일을 열심히 해서 그 대가를 사회가 나눠 가졌습니다.

일의 가치를 창출해서 나눠 가지는 사회가 기독교 사회입니다. 저는 미국 경제가 일본보다 100년 앞섰고, 일본 경제가 우리 경제보다 많이 앞섰다고 생각했습니다. 일본 경제를 가볍게 보아서는 안 됩니다. 과거 피아노 하면 독일제가 최고였으나 지금은 일본의 야마하 피아노가 세계 제일입니다.

제가 일본에서 대학을 다닐 때 기차를 타고 바닷가를 지났는데 뗏목이 바닷물 속에 잠겨 있는 걸 보았습니다. 같이 가던 일본 사람에게 물었더니 야마하 피아노를 만드는 목재라고 했습니다. 뗏목을 바다 속에 100년 정도 담가 놓은 후 꺼내서 피아노를 만드니 최고의 제품이 탄생하는 것입니다. 일을 사랑하는 민족에겐 희망이 있습니다.

제가 항상 드리는 기도 중 하나는 "주님, 제가 게을러지지 않게 하시고, 우리 민족이 일을 사랑하는 민족이 되게 해주십시오"입니다. 제가 부산 피난 시절에 기도하다가 꿈을 꾸었는데 그 내용이 기도와 일맥상통합니다.

제가 연못가에 서 있는데 이상한 소리가 자꾸 나더니 얼음 웅덩이가 깨졌습니다. 제 옆에 있던 사람이 한번 연못을 들여다보라 해서 깨진 웅덩이 사이로 그 안을 들여다보니 새까만 옷을 입은 노동자들이 마치 개미 떼처럼 열심히 일하고 있었습니다. 제 꿈에 그런 모습이 나온 걸 보면 우리가 부지런히 일하는 민족이 되기를 무척 염원했던 모양입니다.

그리고 얼마 있다가 반가운 소식을 들었습니다. 1981년에 서울대학 사회학과에서 한국인의 의식구조를 조사했는데, '생활이 안정되어도 일하겠는가?'라는 질문에 100명 중 86명의 사람들이 '그렇다'라고 대답한 것입니다.

제가 어렸을 때는 일하는 사람보다 놀고먹는 사람들이 더 많았습니다. 전후 수십 년이 지나는 동안 우리의 의식구조가 이렇게 달라진 것입니다. 저는 이 소식을 듣고 이젠 우리에게 희망이 있다고 생각했습니다.

1981년 즈음 제가 기업체의 강연을 많이 다니던 때입니다. 그때 호주의 총리가 우리나라를 다녀간 뒤 "한국은 제2의 일본이 될 것이다"라고 말했습니다. 한국 국민들이 이렇게 열심히 일하는 줄 몰랐다면서 칭찬한 것입니다. 참으로 놀라운 변화입니다.

요즘은 52시간 근무제라 근로자들에게 예전보다 좀 더 시간적인 여유가 있습니다. 남은 시간을 헛되이 보내지 말고 공부해야 합니다. 보람 있는 시간을 보내야 합니다. 놀면 삶의 수준이 떨어질 수밖에 없습니다.

저는 100세가 된 지금도 누구보다 열심히 일하고 있습니다. 하루에 10시간 이상 일합니다. 책 읽고, 원고 쓰고, 강연도 많이 합니다. 이것이 저의 행복이고 보람입니다.

공산주의자들은 사회 분배가 정의롭게 실현되면 "나흘 일하고 사흘 노는 때가 온다"고 말합니다. 하지만 저는 나흘 일하고 사흘 노는 때가 오더라도 하루만 놀 것을 권면합니다. 이 하루는 안식일입니다. 그리고 나흘 동안 직장에서 육체노동을 했으면 이틀은 정신적인 일을 하고, 나흘 동안 정신노동을 했으면 이틀은 육체노동을 하고 그 다음에 하루를 온전히 쉬기를 권합니다. 이것이 성경이 주는 교훈입니다.

저는 방학만 되면 몸이 아팠습니다. 학기 동안 열심히 일하다 방학에 일을 하지 않으니 병이 났던 것입니다. 저는 지금도 일하고 난 다음이 컨디션이 훨씬 좋습니다. 집에서 쉬는 날은 오히려 건강이 좋지 않습니다. 저는 이것이 축복이라 생각합니다.

일을 사랑하는 건 우리에게 주어진 축복입니다. 저는 우리가 하는 모든 일에 있어서 기독교 정신이 무엇인가 생각하게 되는데, 그것은 일을 사랑할 줄 아는 것입니다. 기독교 윤리에서는 경제적으로 어려움을 겪는 가난한 사람들을 위해 더 열심히 일하는 것을 자본주의로 봅니다. 자본주의는 기독교 정신으로 시작했습니다. 휴머니즘과 봉사정신이 남아 있는 동안 자본주의는 성공했습니다. 성공한 모든 국가의 정신이 바로 거기에 있습니다.

사랑이 필요한 이웃과
함께합니까

한편, 강도 만난 사람의 비유는 사랑을 잃어버린 종교를 비판하고 있습니다. 예루살렘에서 여리고로 가는 길은 험한 내리막길입니다. 이스라엘은 덥기 때문에 산 위나 중턱에서 사람들이 삽니다. 논밭이 산 아래에 있어 농사지을 땐 산에서 내려가서 짓습니다. 그 험한 길에 강도들이 숨어 있다가 길 가는 사람의 물건을 빼앗고 해치곤 했습니다.

어떤 사람이 예루살렘에서 여리고로 가는 길에 강도를 만나 거의 죽게 생겼습니다. 처음에 제사장이 그 사람 곁을 지나갔지만 모른 체했습니다. 제사장은 오늘로 치면 목사나 신부와 같은 성직자나 종교 지도자입니다. 가난한 사람, 불행한 사람을 도와주라고 가르치는 사람들이지만 말씀을 입으로만 전할 뿐 죽어가는 사람을 보고는 피해 지나가 버렸습니다.

그 다음엔 레위인이 지나갔습니다. 레위인은 이스라엘에서는 제사장을 도와 성전에서 봉사하며 종교세금으로 사는 사람입니다. 요즘으로 치면, 기독교 때문에 먹고사는 사람으로 종교 지도자이기도 합니다. 이들도 그냥 지나가 버렸습니다.

그런데 그 길을 사마리아 사람이 지나갔습니다. 유대인들은 사마리아 사람과는 상종도 하지 않았습니다. 유대인이 볼 때 사마리아인은 하나님께 버림받은 사람입니다. 사마리아인은 예루살렘에 오지도 못했습니다. 우리식으로 말하자면 교회에서 버림받은 사람, 기독교 밖에 있는 사람입니다. 그런 그가 강도 만난 사람을 불쌍히 여겨 그를 나귀에 태워 여관까지 데려다가 필요한 돈은 얼마든지 줄 테니 이 사람을 치료해 달라고 부탁했습니다.

예수님은 청중에게 묻습니다.

"누가 네 이웃이냐?"

누가 우리의 이웃입니까? 사랑을 베푼 사람이 이웃입니다. 저는 행함이 없이 말만 할 바엔 차라리 이웃을 사랑하라는 설교를 하지 말라고 말합니다. 버림받은 사람을 사랑하지 못하면서 어떻게 크리스천이라고 할 수 있습니까?

이 말은 저 자신에게도 해당됩니다. 저는 사회사업을 하는 사람들이 참 고맙습니다. 제가 그런 일을 하는 지인에게 고맙다고 했더니 선생님은 말씀으로 봉사하시지 않느냐며 격려해 주었습니다. 이렇게라도 이해해 주니 고마웠습니다. 사실 저 같은 사람은 누구를 사랑하라고 말할 자격이 없습니다. 제가 사랑하지 못하면서 그런 말을 하면 이중적인 사람이 되거든요.

제가 어릴 적 교회에서 듣던 이야기가 있습니다. 어느 목사님이 설교를 하면서, 나중에 하늘나라 가면 목사들의 몸은 지옥에 있고 혀만 천국에 올라간다고 우스갯소리로 말했습니다. 목사들의 고민이 그것입니다. 그것은 사랑을 실천하지 못하는 우리에게도 해당되는 문제입니다. 그런데 개인적 수준에서는 괜찮을지 몰라도 사회적으로 확대되면 큰 문제가 됩니다.

북한 동포들이 인권이 무시당한 채 저렇게 버림받고 있는데 아무 일도 안 하고 기도만 하는 건 모순 아닙니까? 기독교는 인권에 귀를 기울여야 합니다. 직장에서도 상하관계, 갑을관계로 인해 생기는 상처로 고통받는 분들이 많습니다. 갑의 위치에 있는 사람들이 사랑을 실천할 줄 알아야 합니다.

12·12사태가 일어났던 당시에 육군 참모총장이었다가 전두환이 일으킨 쿠데타로 감옥까지 가게 된 정승화 장군이 제1군단장으로 있을 때 저에게 강연을 요청해서 간 일이 있습니다. 저는 군대는 계급사회이지만 인권은 중요하다고 말하며, 윗사람들이

아랫사람의 좋은 의견을 받아들일 줄 알아야 한다고 말했습니다.

강의를 마친 후 정승화 장군이 미국에 갔다가 경험한 이야기를 들려주었습니다. 미 육군 소장이던 친구 집에 놀러 갔더니 그날 마침 그의 부하인 대위의 딸 생일잔치에 가야 한다면서 같이 가자고 해서 따라나섰답니다. 친구인 소장이 대위의 집에 도착해서는 대위 딸의 손을 잡고 아주 정중하게 "생일 축하해요" 하자 대위의 딸이 정중하게 인사를 받더랍니다. 정승화 장군은 그 모습을 보면서 미국 사회의 인권이 이런 것이구나 했답니다. 계급보다 더 중요한 것이 한 사람 한 사람의 인권이기 때문입니다. 우리 사회가 평등한 관계로 고쳐져야 합니다.

군대 사회의 상하관계 못지않은 것이 목사들의 사회입니다. 담임목사는 부목사에게 온갖 심부름을 다 시킵니다. 둘의 관계를 보면 사장과 비서의 관계 같습니다. 이래서야 교회가 세상을 비판할 자격이 있겠습니까?

주님께 받은 사랑을 나눠주는 사람이 되기를

예수님은 이웃을 사랑하라 하셨습니다. 이웃을 위해서 사랑을 베풀지 않는 사람은 크리스천이 아닙니다. 저는 수녀님, 신부님들의 고민을 잘 압니다. 그분들에게는 대체로 친구가 없습니다.

하나님과 나의 관계에만 집중하다 보니 인간관계를 소홀히 해서 그렇습니다. 사람들이 저와 안병욱 선생, 김태길 선생의 끈끈한 우정을 보면 놀랄 것입니다. 예수님은 사람들과 우정을 나누며 살라 하지 하나님과의 관계에만 집중하라고 하지는 않으셨을 것입니다.

제가 100세를 살아 보니 '내가 나를 위해서 한 일은 남는 게 없다'는 결론을 얻게 되었습니다. 사람들과 더불어 살며 그들을 위해주고 사랑하고 산 일은 행복으로 남아 있습니다. 이웃을 사랑하는 일은 주님이 우리에게 부탁하신 일입니다.

LA에 도산거리가 생겼습니다. 누구보다 나라와 민족을 사랑한 도산 안창호 선생의 정신을 기리기 위함입니다. 하나님 나라를 생각하는 사람들은 타인을 위하는 마음을 가지고 삽니다.

사랑 없이 목사가 되고 신학자가 되어서는 안 됩니다. 무엇보다 사랑을 베푸는 삶이 되어야 합니다. 버림받는 사람들을 위해 기도해야 합니다. 그들을 사랑하는 마음을 가지고 있어야 합니다. 교회에서 장로가 되고 권사가 되는 것이 중요한 게 아닙니다. 불행하게 버림받은 사람들이 우리 교회 주변에 많이 있습니다.

신앙을 가졌다고 자랑하거나 자신은 주님의 사랑을 받는 사람이라고 생각하면서 내 옆에 있는 사람을 사랑하지 못하면 부끄러운 일입니다. 우리는 기도해야 할 사람을 위해 기도하고, 베풀어야 할 사람을 위해 베풀고 주님께 사랑받은 만큼 나눠 줘야 하는 책임이 있습니다. 우리의 사랑을 필요로 하는 모든 사람들과 함께할 수 있기를 기도합니다.

11

하나님 나라 일이 먼저다

예수를 이용하지 말고
예수를 따르라

누가복음 9장 57~62절에는 예수님을 찾아온 세 사람의 이야기가 나옵니다.

> 예수의 일행이 길을 가고 있을 때 어떤 사람이 예수께 "저는 선생님께서 가시는 곳이면 어디든지 따라가겠습니다" 하고 말하였다 눅 9:57

세 사람 중에 한 사람이 예수님의 제자로 살겠다고 찾아왔습니다. 마태복음에는 이 사람이 서기관이라고 기록되어 있습니다. 우리식으로 말하면 신학자나 목사 같은 종교 지도자입니다.

그런데 예수님은 그의 제안을 사랑으로 거절하셨습니다. "네가 나를 따라오려고 하지만 너를 받아들일 수 없다"고 하십니다. 그가 원하는 것을 줄 수 없으니 돌아가라는 것입니다.

> 그러나 예수께서는 "여우도 굴이 있고 하늘의 새도 보금자리가 있지만 사람의 아들은 머리 둘 곳조차 없다" 하고 말씀하셨다 눅 9:58

그렇다면 이 사람이 기대했던 건 무엇일까요? 그는 예수님을 며칠 따라다녀 보니 예수님과 함께하면 인간적으로 걱정하는 문제가 풀릴 것이라고 생각했던 것 같습니다. 첫째는 경제적인 문제입니다. 제자들이 부자는 아니지만 따로 일하지 않아도 굶는 일은 없었습니다. 최소한의 경제는 보장되겠다는 생각이 있었을 것입니다.

둘째는 정치권력의 문제입니다. 예수님과 함께 독립운동에 성공해서 한자리 차지해야겠다고 생각했을 것입니다. 우리는 신약의 역사를 아니까 '그건 안 돼'라고 말할 수 있지만, 당시 베드로나 야고보나 요한 같은 제자들도 그 사람과 같은 기대를 품고 예수님을 따랐습니다. 그런 생각을 가장 많이 한 사람이 가룟 유다입니다.

셋째는 명예욕에 대한 문제입니다. 예수님의 인기가 한창 올라가고 많은 사람들이 따르니까 그 옆에 있으면 자신도 덩달아 존경받는 사람이 될 것이라고 기대한 것입니다.

예수님은 그의 계산을 꿰뚫어보셨습니다. 그래서 나는 너에게 돈도 줄 수 없고 권력도 줄 수 없고 명예도 줄 수 없으니 돌아가라 하셨습니다.

우리 어머니는 옛날 분이기 때문에 교육을 받진 못하셨습니다. 다만 교회 다니시면서 정직하고, 열심히 일하며, 예수님의 뜻과 가까이 살아야 한다는 생각을 가지고 계셨습니다. 북한에서 넘어온 고향 사람들이 종종 우리 어머니에게 인사를 하러 오곤 했습니다. 전쟁의 소용돌이에서 부부가 함께 38선을 넘지 못한 경우도 부지기수였습니다. 남자만 건너온 경우 남한에서 재혼을 하는 사람도 여럿 있었습니다. 그들이 우리 어머니에게 인사하러 와서 혼자 살아 보려고 많이 노력했는데 도저히 할 수 없어서 결혼했다고 했습니다. 그러면 어머니는 어떻게 하겠느냐고, 행복하게 살라고 했습니다.

그런데 어느 유명한 목사님이 어머니를 찾아와서 북한에 두고 온 아내가 세상을 떠났다는 소식을 듣고 여기서 재혼하게 됐다고 말했습니다. 그 목사님이 돌아간 뒤 어머니는 "부인이 죽긴 왜 죽어. 장가가고 싶었다고 말하면 되지 왜 거짓말을 해!"라고 하셨습니다. 어머니는 다른 사람도 아니고 목사가 거짓말을 했다는 것이 몹시 못마땅하셨던 것입니다.

인간답지 못한 사람은 제대로 된 신앙을 가질 수 없습니다. 제가 비판하는 게 아니라 예수님이 그런 사람들을 받아들이지 않으십니다. 제가 신앙인으로서 가지는 인생관과 가치관은 교회와 예수님의 말씀과 기독교 신앙을 내 소유를 위해 이용하지 않겠다는 것입니다. 다른 명예는 모르지만 교회를 팔아서 유명해진다는 건 있을 수 없는 일입니다.

예전에 우리 대학 도서관학과 교수가 장로가 된 뒤 저를 찾아왔습니다. 다니는 교회의 담임 목사가 총회장 선거에 입후보하게 되었는데 교인들에게 선거 비용을 내라고 했답니다. 하지만 그분의 신앙 양심상 목사가 선거운동을 하는 것도 이해할 수 없고 그 비용을 교인들한테 요구하는 것도 용납하기 어렵다고 했습니다. 저는 한마디로 대답해 줬습니다. 한경직 목사님이나 김재준 목사님 같은 분은 자기의 명예를 위해 교회를 이용하지 않았다고 말입니다.

예수님은 교회나 기독교를 통해 한 개인이 무엇을 소유하는 것을 기뻐하시지 않습니다. 그러한 목적이면 주님에게 오지 말라 하십니다. 주님은 열심히 벌어서 자신은 적게 가지고 사회에 주기를 원하십니다.

또 예수님은 높은 자리에 앉지 말고 낮은 자리에 앉으라고 말씀하셨습니다. 섬김을 받으려 하지 말고 섬기는 자가 되라 하셨습니다. 제가 연세대에 있을 때 사람들이 저더러 어디 회장을 맡아 달라, 학교에서 무슨 보직을 맡아 달라고 할 때도 저보다 유능한 사람에게 맡기라고 사람을 추천해 주고 저는 낮은 자리에서 봉사했습니다. 명예는 내가 얼마나 봉사했느냐의 대가입니다. 지도자는 명예의 노예가 되면 안 됩니다.

생명 살리는
일을 하라

예수님은 나름대로 큰 뜻을 품고 제자로 따르겠다고 한 사람은 거절하셨지만, 다른 사람에게는 "나를 따르라"고 부르셨습니다. 그런데 그 사람은 바로 따라나서지 않고 부친의 장례를 마친 뒤에 따르겠다고 했습니다. 이때 예수님의 대답이 기이합니다.

> 죽은 자들의 장례는 죽은 자들에게 맡겨두고 너는 가서 하나님 나라의 소식을 전하여라 눅 9:60

아버지가 돌아가셔서 장례를 치르고 오겠다는데 예수님은 상관하지 말라고 하십니다. 언뜻 이해되지 않는 말씀입니다. 저는 이 말씀을 한국전쟁 중에 '과연 그렇구나' 하고 깨달았습니다.

당시는 전시가 매우 급박하게 돌아가던 때였습니다. 언제 북한군이 부산까지 밀고 내려올지 알 수 없는 위기 상황이었습니다. 그런데 미국에서 해병대가 떠났는데 도중에 폭풍을 만나 두어 주간 늦어진다는 소식이 들렸습니다. 전쟁에서 두어 주간이 늦어지는 것은 이만저만 큰일이 아닙니다. 희생을 피해 군경 가족들을 일본 오키나와로 수송해야 한다는 얘기까지 돌고 있었습니다. 돈 많은 사람들은 급박한 상황을 대비해, 해상 탈출을 위해 피난선을 준비한다고 설쳤습니다.

답답한 마음에 국제시장 쪽을 걸어 중앙장로교회 앞을 지나고 있었는데, 그때 교회 문 앞에 서 있던 구 장로가 저에게 총회 방청하러 왔느냐며 교회 안으로 안내해 주었습니다. 총회를 보러 온 것은 아니었지만 저는 시간이 있으니까 방청해야겠다 싶어 2층으로 올라갔습니다. 당시는 한국신학대학과 보수 장로교가 싸워서 나뉘어 있을 때였습니다. 아니나 다를까 예배를 마치고 총회가 열리면서부터 언쟁과 싸움이 벌어지기 시작했습니다. 목사님과 대표 장로들이 서로 자기가 옳다고 핏대를 올리며 싸우는데 너무나 마음이 아팠습니다. 대한민국이 지금 풍전등화 같은 위기 상황에 처해 있는데 교계를 대표하는 사람들이 교권싸움이나 하고 있으니 너무 실망스러워서 그곳을 나와 버렸습니다.

다시 길을 걷다가 하늘을 올려다보니 그날따라 하늘이 너무 맑았습니다. 대청동 앞에서 '내가 믿는 기독교가 저런 건 아닌데, 거기에 예수님이 계실 리 없는데' 이런저런 생각을 하며 걷는데 어디선가 음성이 들려왔습니다.

"죽은 자들로 자기의 죽은 자들을 장사하게 하고 너는 가서 하나님의 나라를 전파하라."

기독교계의 갈등은 그때의 그 일로 끝나지 않았습니다. 1954년 여름에는 장로교의 두 교파가 대립해서 전국기독학생 하기수련회에서 고통을 받고 죽은 학생의 시신이 놓여 있는 위층 강당에서 교권싸움을 하는 것을 보기도 했습니다. 그 다음 해에는 그 대회가 서울 북쪽 난지도에서 있었는데 대학생들까지 교권분규에 말려드는 것을 보고 교회 지도자들이 제자들을 신앙으로 이끌어 갈 자격이 있는지를 의심하기도 했습니다.

그런 사태들을 보면서 교회는 죽은 자들을 장례 지내게 하고 예수의 제자는 하늘나라 복음을 위해 나서야겠다는 생각을 했습니다.

장로교회에서는 전통적으로 청년면려회라는 행사를 가졌습니다. 이 행사는 교회 안과 밖에서 적지 않은 영향력을 행사했습니다. 한때는 사회의 젊은이들의 관심을 모으기도 했습니다. 한번은 그 전국대회가 영락교회에서 있었습니다. 저에게 주제 강연을 맡아 달라는 청이 왔습니다. 저는 그 모임이 중요한 전국대회이고 목사님이 아닌 나에게 주제 강연을 부탁했기 때문에 대학 강의일정까지 바꾸고 영락교회로 갔습니다.

강연시간이 되었는데 전국대표들은 예배실 안으로 들어오지 않고 밖에서 짝을 지어 다니고 있었습니다. 10분쯤 지난 뒤에야 입장하기 시작했으나 강연 도중에도 밖에서 몰려다니는 사람들이 있는 것 같았습니다. 강연시간 후반부가 되어서야 안정된 분위기가 되었습니다.

강연을 끝냈을 때였습니다. 사회를 맡았던 사람이 다음 시간에 총회장을 비롯한 임원선거가 있기 때문에 선거운동을 위해 입장하는 사람이 늦게 되었다고 얘기했습니다. 저는 "제가 오지 않아도 되는 총회였군요"라고 말했습니다.

그 다음부터 저는 기성 교회에 젖어 있는 청장년들보다는 밖에 있는 청년들을 위해 나서야겠다는 다짐을 했습니다. 교계 내부의 일들은 그 사람들에게 맡겨 두고, 생명력 있는 진리의 말씀은 교회 밖에서 전파돼야 한다고 다짐했습니다. 그런데 고맙게도 주님은 제 뜻을 버리지 않으셨습니다.

연세대에서 부흥회가 있었는데 제가 목사가 아닌 최초의 부흥회 강사가 되었습니다. 우리 학교에 교목도 있고 신과대학의 여러 교수님들도 있습니다. 한경직 목사님 같은 분이 오는 자리에 평신도 교수가 신앙강좌를 한다는 건 대단한 일이었습니다. 그 후로 부흥회에 평신도들이 초청되기 시작했습니다.

그때부터 제가 생각한 것이 있습니다. 죽은 자를 장례 치를 사람은 노회나 연합회 등에 많이 있습니다. 그러니 이제는 사회를 위해서, 또 하나님 나라를 위해서 일할 수 있는 크리스천이 많이 나왔으면 좋겠습니다.

하나님 나라의 일이 우선이다

예수님을 따르겠다고 한 사람 중 마지막 사람은 이렇게 말합니다.

> 선생님, 저는 선생님을 따르겠습니다. 그러나 먼저 집에 가서 식구들과 작별 인사를 나누게 해주십시오 눅 9:61

그는 가족과 작별인사를 하고 따르겠다고 합니다. 이때도 예수님은 기이한 말씀을 하십니다.

> 쟁기를 잡고 뒤를 자꾸 돌아다보는 사람은 하나님 나라에 들어갈 자격이 없다 눅 9:62

무슨 뜻입니까? 하나님 나라 건설에 대한 책임이 세상일보다 우선순위에 있다는 뜻입니다. 저는 요즘도 가끔 연세대학원에 특강을 하러 갑니다. 연세대 강의를 시작한 지 어느덧 65년이 되어

갑니다. 저는 연세대학에 있는 동안 제 개인의 일보다 연세대학을, 연세대학보다 연세대학이 기독교 대학이 되는 것을 우선순위에 놓고 일했습니다. 저는 이 생활을 후회하지 않습니다.

부끄러운 이야기를 하나 하겠습니다. 4·19 이후 연세대에 민주화운동이 일어난 적이 있습니다. 그 마지막 단계에 학생들 일부가 연세대 창설자인 언더우드 3세인 원일한 선생의 집에 가 항의 데모를 하는 일이 생겼습니다. 그때 원일한 선생은 총장서리 책임을 맡고 있었습니다.

그 사건이 계기가 되어 주동 학생들이 구속되고 제가 그 배후 책임자로 지목되어 서대문경찰서에 잡혀갔습니다. 사실 주동자가 있었던 것은 아닙니다. 그러나 학생들이 대학보다 교수 편을 드는 뜻으로 그랬던 것입니다. 그 때문에 교수들은 학생들이 피해를 입지 않기를 간절히 바라고 있었습니다. 저는 혐의가 없어 풀려났으나 구속된 학생들 때문에 죄책감에서 벗어날 수가 없어 기도드리고 있었습니다.

그 즈음이었습니다. 친분이 가까웠던 백리언 교목실장이 전화를 걸어 원일한 선생과 이사회 측이 나에 대한 오해가 심각하니 찾아가 자초지종을 해명하는 것이 좋겠다고 했습니다. 아마 그 때문에 내가 잡혀가기도 했으나 오해가 풀리지 않으면 교수로서의 나의 신변도 좋지 못할 것 같다면서 자기도 상당한 오해가 있었기 때문에 해명도 하고 항의도 했다는 충고였습니다.

그 전화를 받은 것이 밤중이어서 다음날 아침 일찍 원 총장 서리를 만나러 집을 나섰습니다. 그때, 오늘은 내가 흥분했기 때문에 아침기도도 드리지 않고 나섰는데 집에 돌아가 기도를 드리고 원 총장도 내 마음이 안정된 다음에 찾아가는 것이 좋지 않겠는가 하는 생각이 들었습니다. 제가 인간적인 불만으로 흥분해 있었던 것입니다. 집에 돌아가 기도를 드렸습니다. 그때 제 마음에 '대학을 위해서라면 해명도 하고 주장도 굽히지 않는 것이 맞지만 너 자신을 위해서라면 침묵을 지키는 것이 좋겠다'는 생각이 들었습니다. 제가 한 일이 대학을 위해서라는 생각에는 변함이 없으나, 저에게도 잘못은 있었을 것이고 연세대는 저에게 주님의 포도밭과 같이 소중하니 주님께서 판단하실 것이라는 믿음이 있었습니다.

시일이 지나는 동안 대학당국이 저에 대한 오해를 풀게 되고 학생들도 그해 크리스마스 전날에 모두 무혐의로 석방되었습니다. 그리고 저에 대한 대학의 태도에도 큰 변화가 생겼습니다. 중요한 보직을 맡아 달라는 청이 있었으나 사양했습니다. 양쪽에 다 가담하지 않았던 후배교수에게 그 보직을 추천하고 근신하는 평교수로 지냈을 때입니다. 대학에서 기대하지도 않았던 특혜를 베풀어 준 것입니다. 그 덕분에 안식년과 더불어 미국국무성 초청

교환교수로 추천받는 영광을 누리게 되었습니다.

우리 삶에 크고 작은 일들이 많이 일어납니다. 신앙인들은 하나님의 섭리를 느낄 때가 있습니다. 나는 모르지만 주님의 뜻을 따를 때 베푸시는 하나님의 섭리가 있습니다.

저는 참 행복한 사람이라고 생각합니다. 이 나이에 치매도 안 걸리고 아직까지 일하고 있으니까요. 앞으로 1~2년 더 봉사했으면 좋겠습니다. 제 인생 전부가 알찬 인생입니다. 그것을 주신 분이 예수님이십니다.

죽은 자를 장례 치르는 일이나 가족에게 작별을 하는 일은 죽은 사람들에게 맡기십시오. 성실하게 최선을 다해서 주님이 나에게 맡겨 주신 인생을 사는 사람을 주님은 버리지 않으십니다. 내 인생을 주님께 맡기고 사는 영광스러움은 나를 위해 있는 게 아닙니다. 다른 사람들을 위해서 사랑의 짐을 짊어지는 길입니다.

한 번에 75분씩 계속되는 강의 내용을 편집해 책이 되도록 수고해 주신
두란노의 여러분과 처음부터 협조해 주신 이종옥(아가페의 집) 이사장께
감사의 마음을 전합니다.